첫공부
한글 쓰기
가나다

KB189999

1일	모음 ㅏ~ㅠ
2일	모음 ㅡ, ㅣ, 복습
3일	자음 ㄱ~ㅇ
4일	자음 ㅈ~ㅎ, 복습
5일	가, 거, 고, 구, 그, 기
6일	나, 너, 노, 누, 느, 니
7일	다, 더, 도, 두, 드, 디
8일	라, 러, 로, 루, 르, 리
9일	마, 머, 모, 무, 므, 미
10일	바, 버, 보, 부, 브, 비
11일	사, 서, 소, 수, 스, 시
12일	아, 어, 오, 우, 으, 이
13일	자, 저, 조, 주, 즈, 지
14일	차, 처, 초, 추, 츠, 치
15일	카, 커, 코, 쿠, 크, 키
16일	타, 터, 토, 투, 트, 티
17일	파, 퍼, 포, 푸, 프, 피
18일	하, 허, 호, 후, 흐, 히
완성!	한글 쓰기 복습

가치있다

1일

모음 ㅏ ㅑ

ㅏ, ㅑ를 소리 내어 읽으면서 순서에 맞게 따라 써요.

아

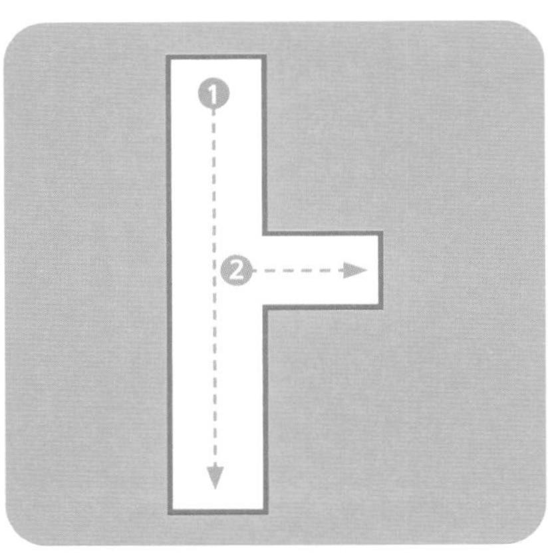

글자 모양을 몸으로도 흉내 내고, 낱말 속에서 찾아보세요.

아기

아빠

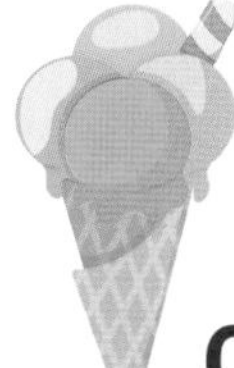

아이스크림

야

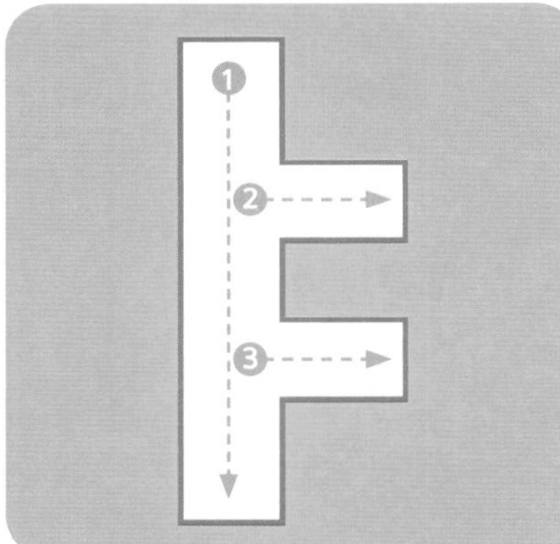

ㅑ ㅑ ㅑ ㅑ

야호

야자수

야구

모음
ㅓ ㅕ

ㅓ, ㅕ를 소리 내어 읽으면서
순서에 맞게 따라 써요.

ㅓ 어

어머니  어린이  어부

ㅕ 여

여우  여치  여름

모음
ㅗ ㅛ

ㅗ, ㅛ를 소리 내어 읽으면서
순서에 맞게 따라 써요.

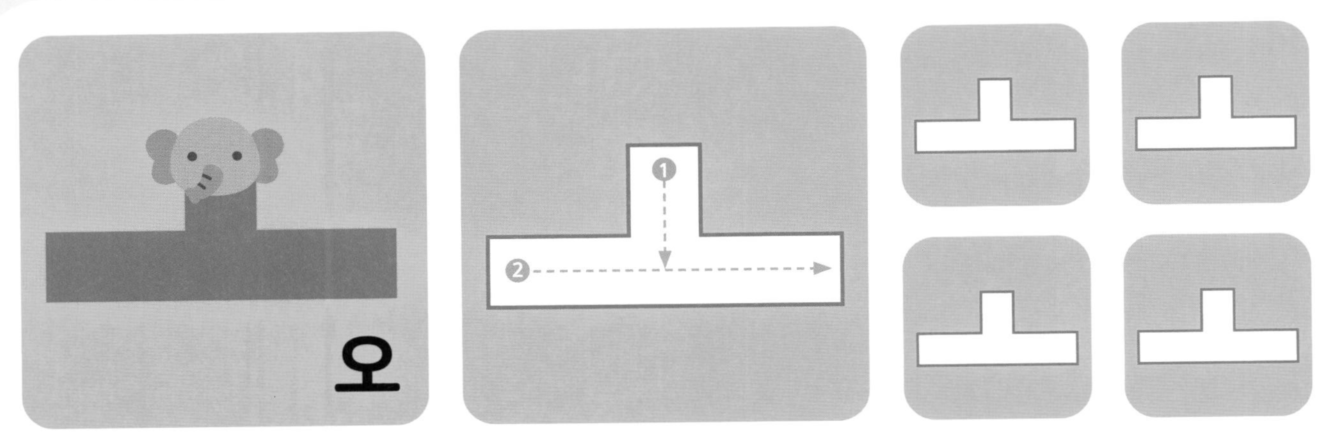
오

오리

오이

오토바이

요

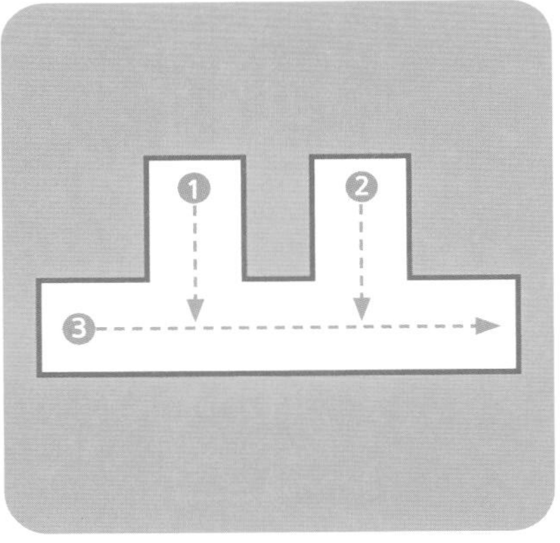

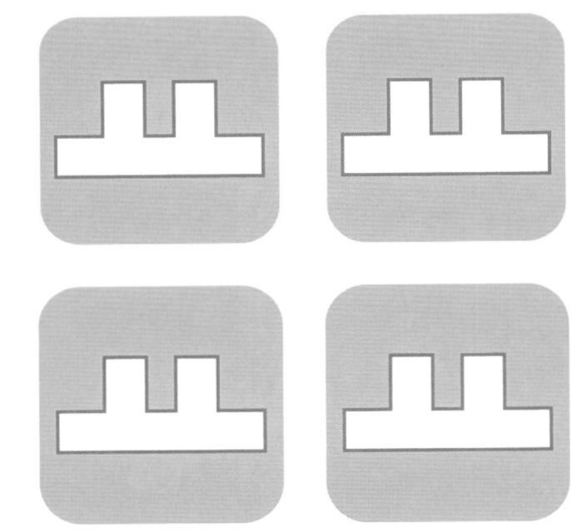

FEMENTED
MILK
요구르트

요리사

요정

모음
ㅜ ㅠ

ㅜ, ㅠ를 소리 내어 읽으면서
순서에 맞게 따라 써요.

참 잘했어요!

우

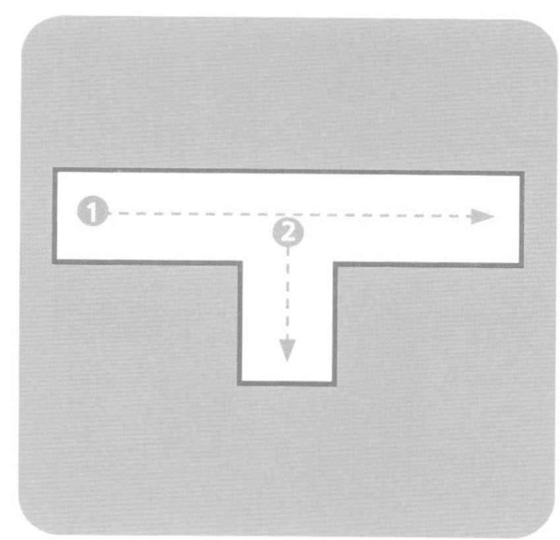
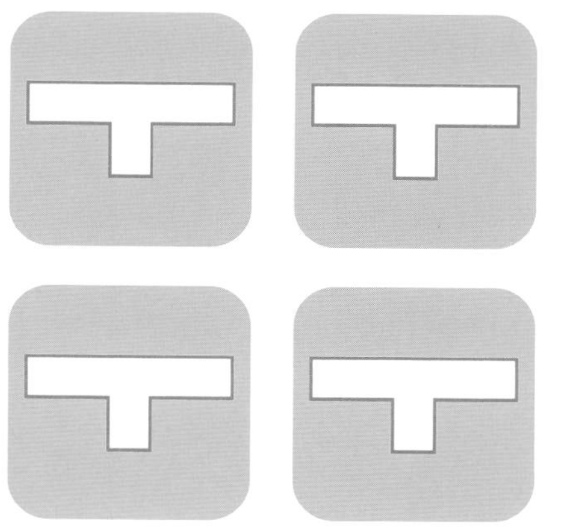

우유

우비

우산

유

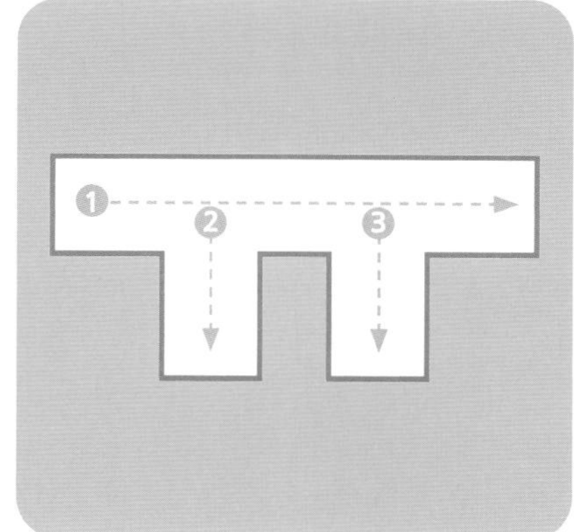
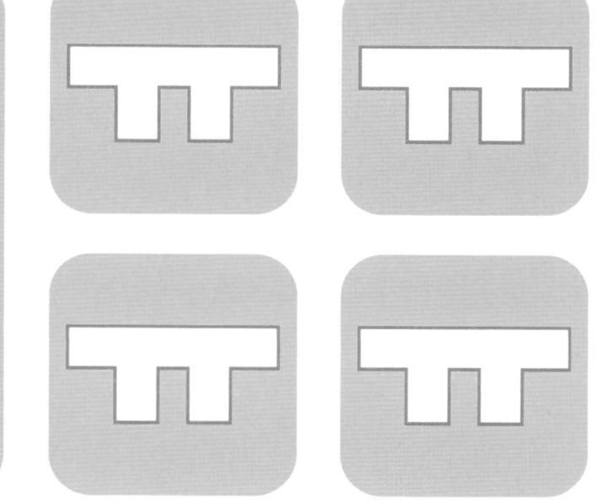

유리

유모차

유치원

모음
ㅡ ㅣ
2일

ㅡ, ㅣ를 소리 내어 읽으면서 순서에 맞게 따라 써요.

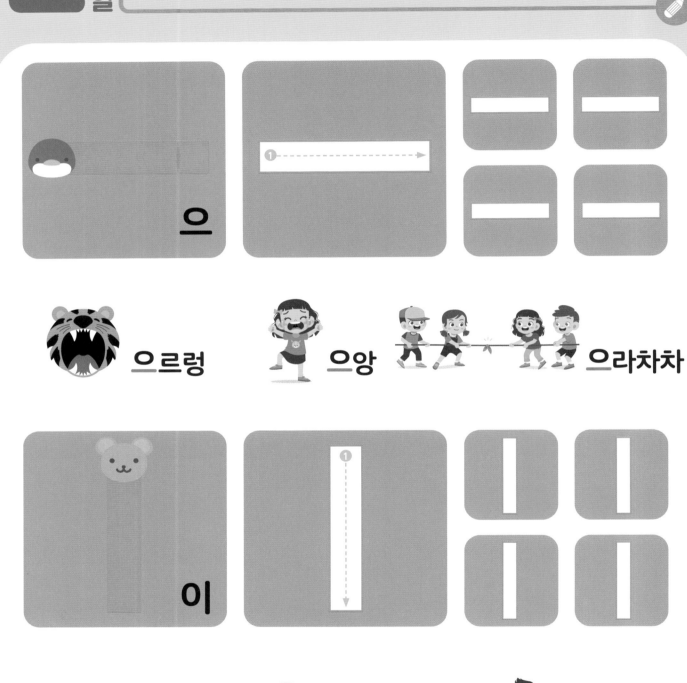

으

으르렁  으앙  으라차차

이

이불

이마

이사

모음

ㅏ~ㅣ

모음을 하나씩 읽으면서 따라 써요.

모음 복습

모음을 순서대로 따라가며 모양을 익혀요.

ㅏ → ㅑ → ㅓ → ㅕ → ㅗ → ㅛ → ㅜ → ㅠ → ㅡ → ㅣ

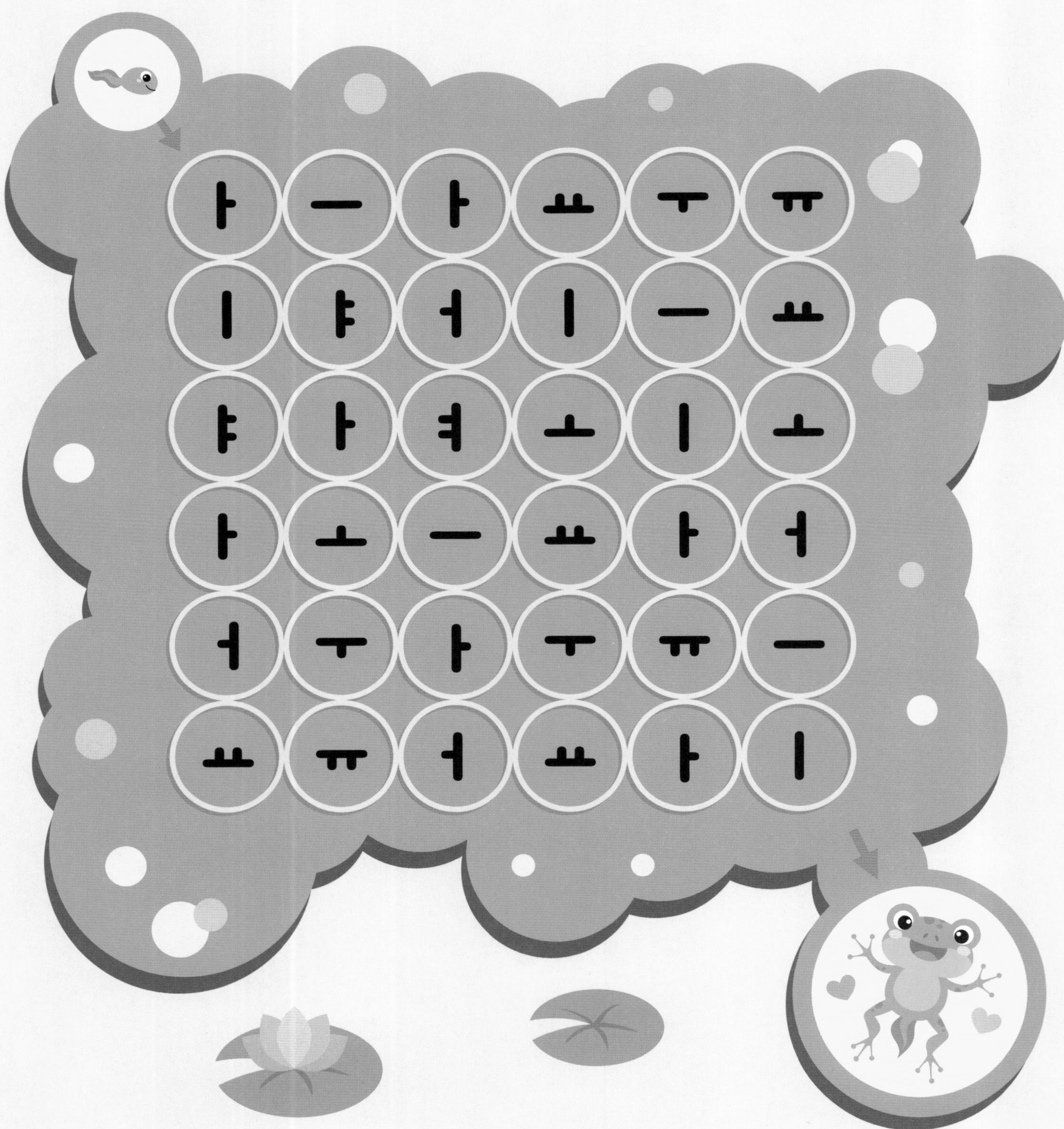

ㅏ ㅡ ㅏ ㅛ ㅜ ㅠ
ㅣ ㅑ ㅓ ㅣ ㅡ ㅛ
ㅑ ㅏ ㅕ ㅗ ㅣ ㅗ
ㅏ ㅗ ㅡ ㅛ ㅏ ㅓ
ㅓ ㅜ ㅏ ㅜ ㅠ ㅡ
ㅛ ㅠ ㅓ ㅛ ㅏ ㅣ

자음
만나기

자음을 순서대로 찾아 ○ 하며
모양을 익혀요.

참 잘했어요!

ㄱ→ㄴ→ㄷ→ㄹ→ㅁ→ㅂ→ㅅ→ㅇ→ㅈ→ㅊ→ㅋ→ㅌ→ㅍ→ㅎ

ㅁ ㅌ ㅍ ㄷ ㅎ ㅋ ㅈ ㄱ ㅂ ㄴ ㄹ ㅊ ㅇ ㅅ

자음
ㄱㄴ
3 일

ㄱ, ㄴ을 소리 내어 읽으면서 순서에 맞게 따라 써요.

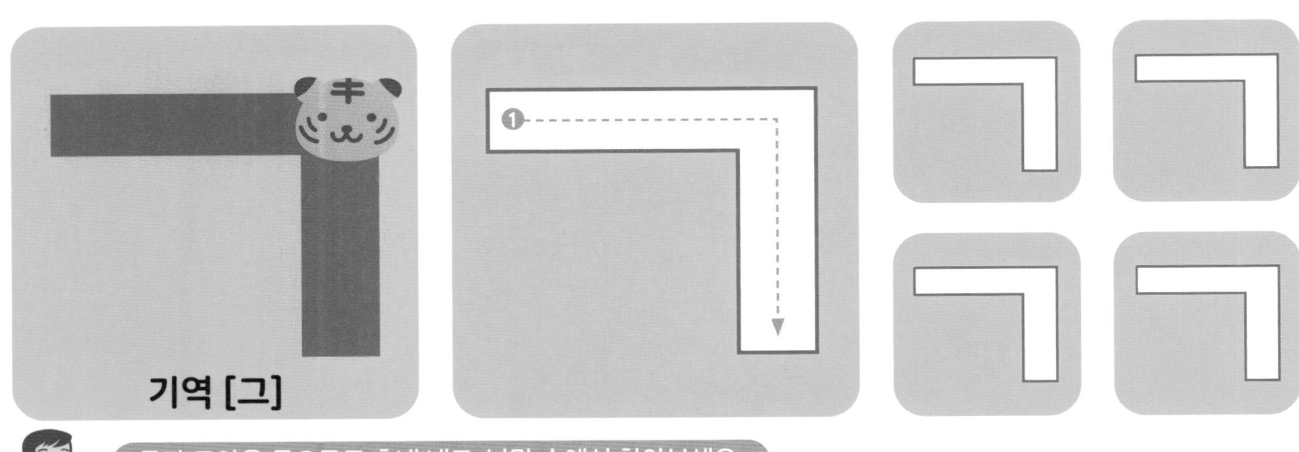
기역 [그]

글자 모양을 몸으로도 흉내 내고, 낱말 속에서 찾아보세요.

거미
고슴도치
구두

니은 [느]

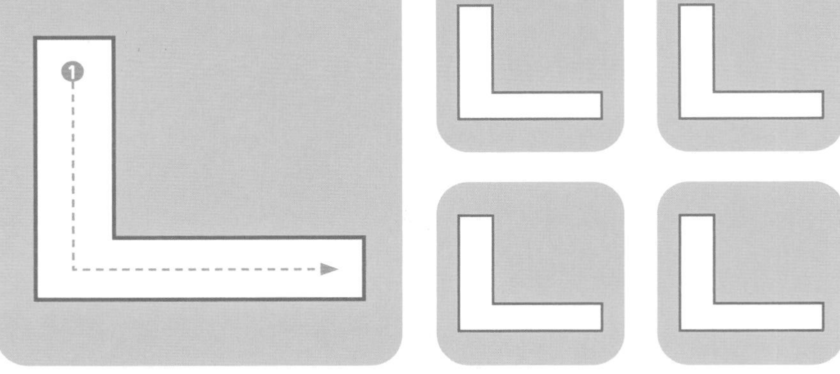

너구리

노루

비누

자음
ㄷㄹ

ㄷ, ㄹ을 소리 내어 읽으면서
순서에 맞게 따라 써요.

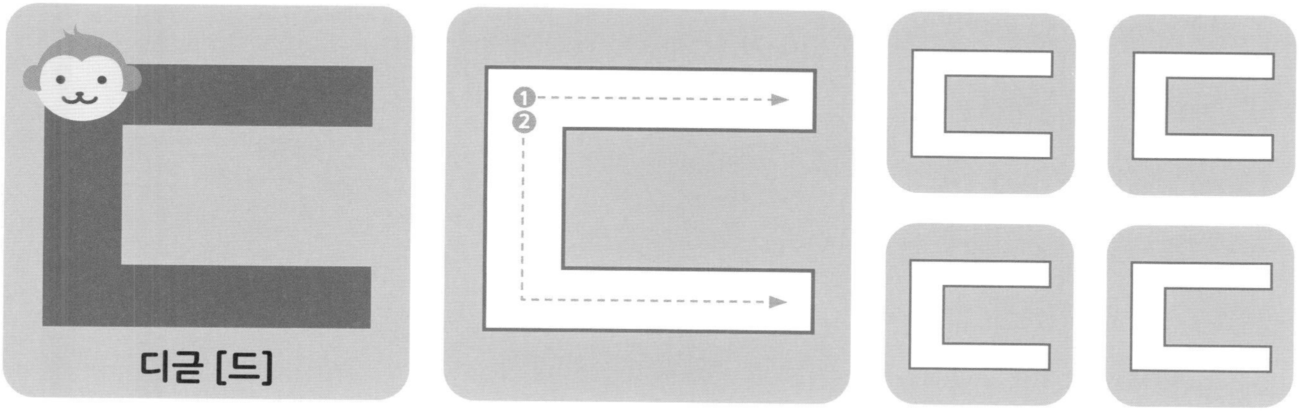

디귿 [드]

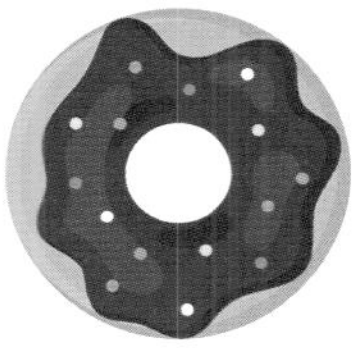

도넛 드레스 두더지

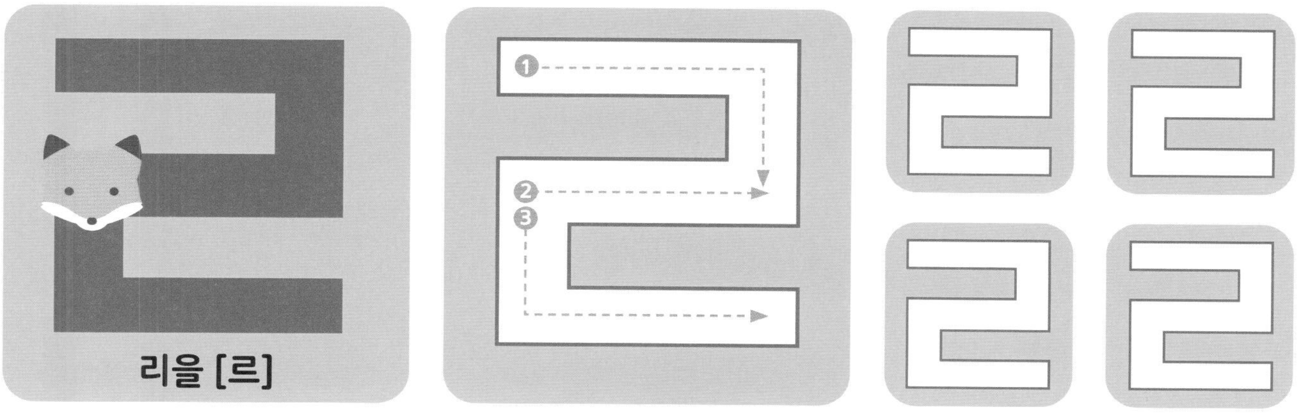

리을 [르]

로켓 기러기 리본

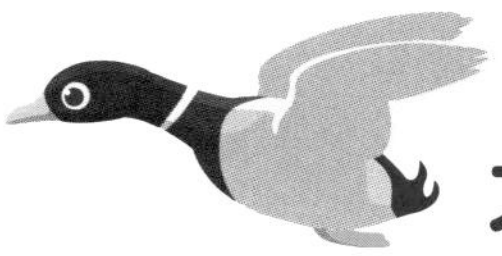

자음
ㅁ ㅂ

ㅁ, ㅂ을 소리 내어 읽으면서 순서에 맞게 따라 써요.

미음 [므]

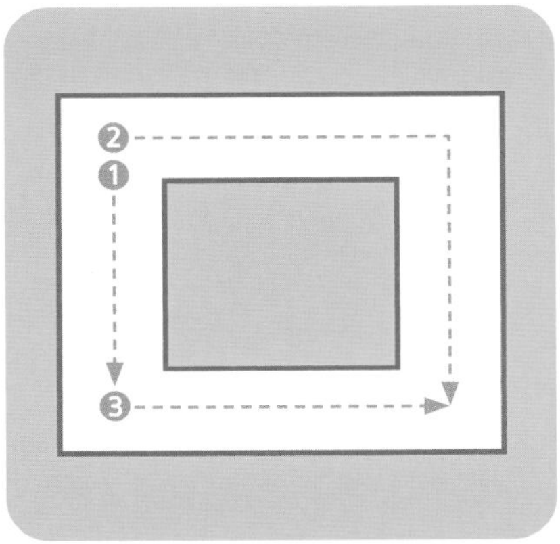

할머니

모빌

무당벌레

비읍 [브]

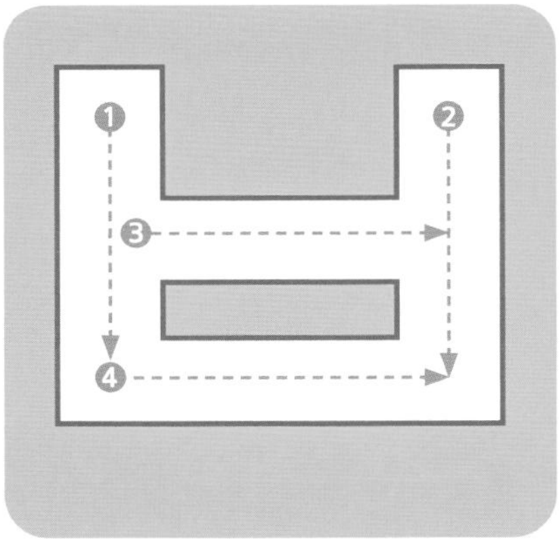

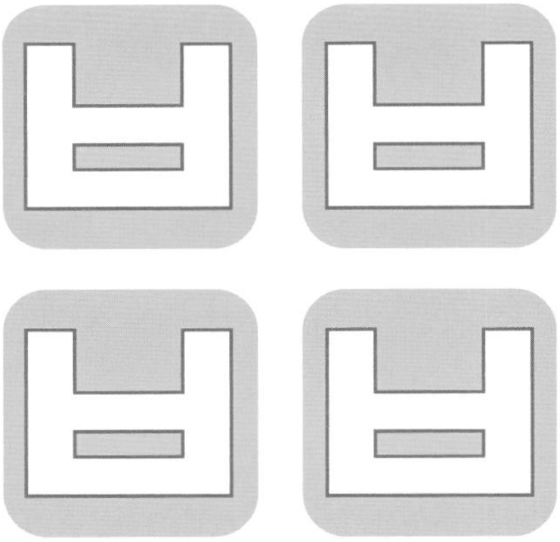

버섯

보석

비둘기

자음
ㅅㅇ

ㅅ, ㅇ을 소리 내어 읽으면서 순서에 맞게 따라 써요.

최고예요!

시옷 [스]

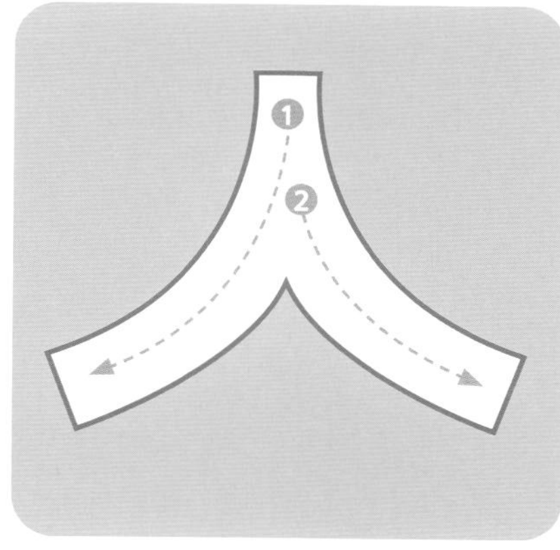

 사탕

  소방차

 수박

이응 [으]

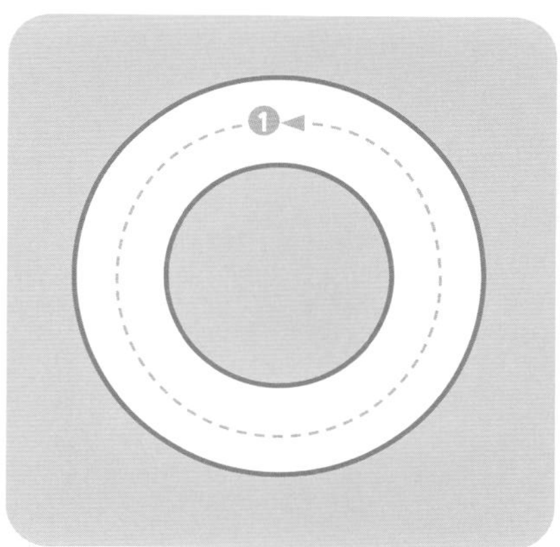

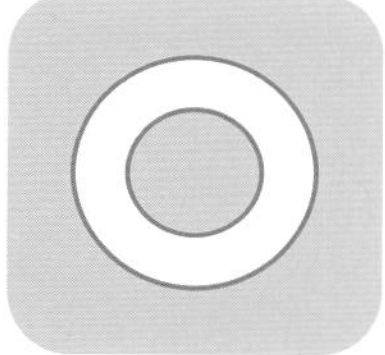

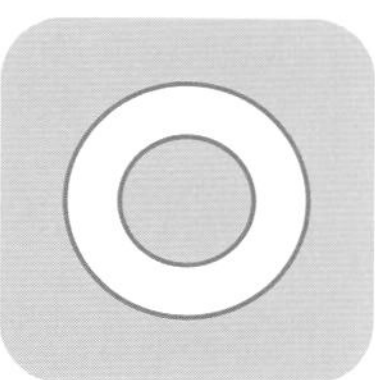

 어항

 오징어

 우동

4 일
자음
ㅈ ㅊ

ㅈ, ㅊ을 소리 내어 읽으면서 순서에 맞게 따라 써요.

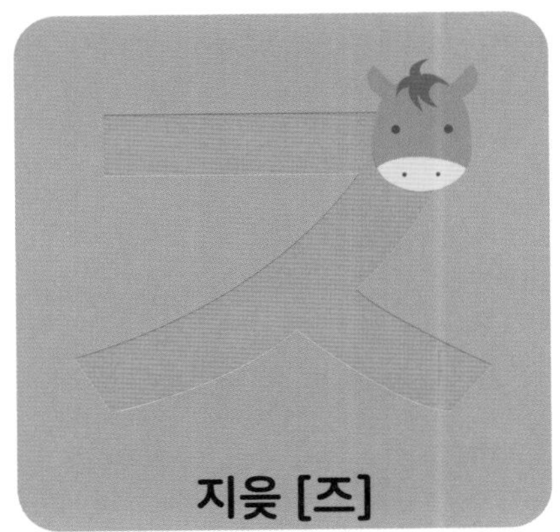

지읒 [즈]

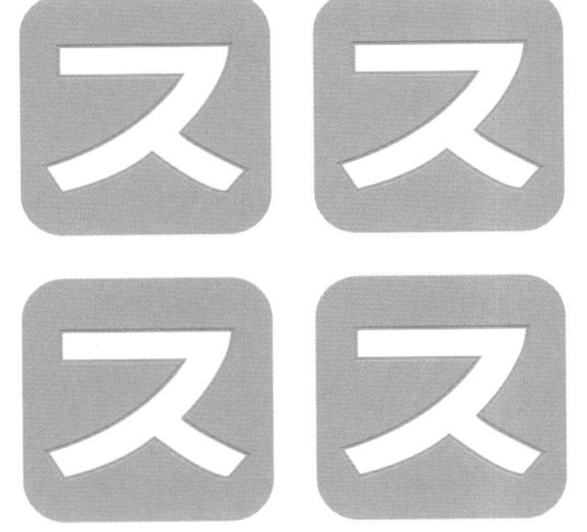

조개

저금통

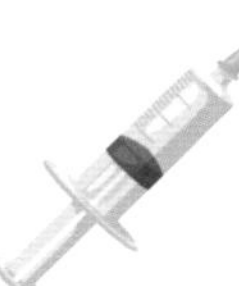

주사기

치읓 [츠]

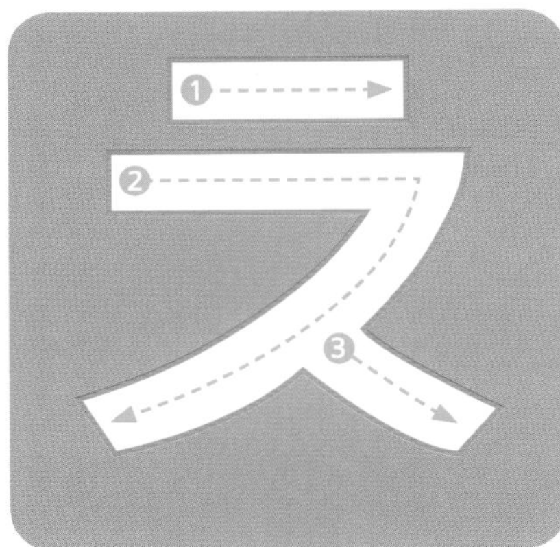

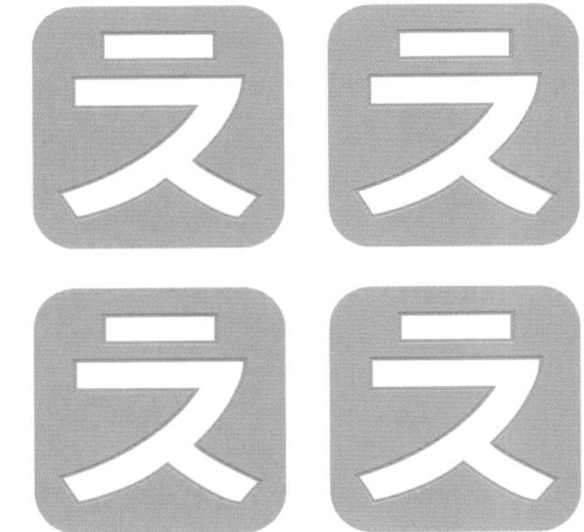

초콜릿

단추

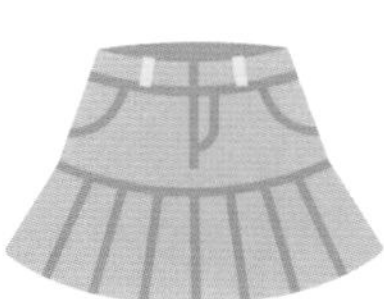

치마

자음
ㅋㅌ

ㅋ, ㅌ을 소리 내어 읽으면서
순서에 맞게 따라 써요.

키읔 [크]

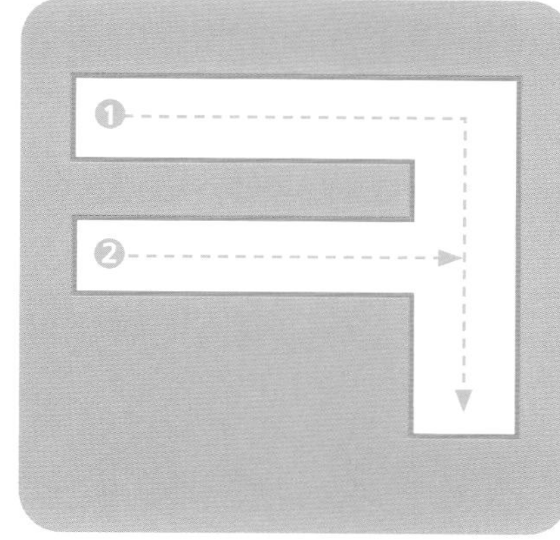

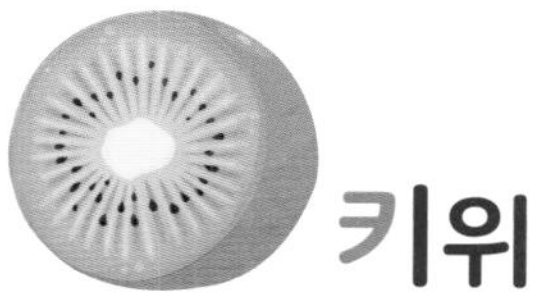
키위

코끼리

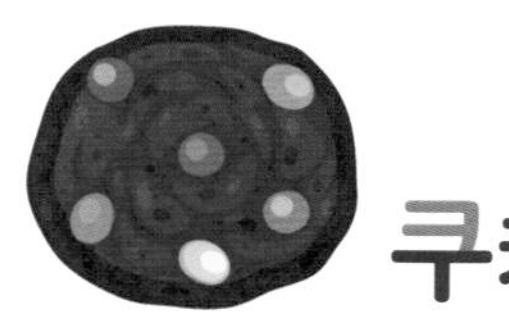
쿠키

티읕 [트]

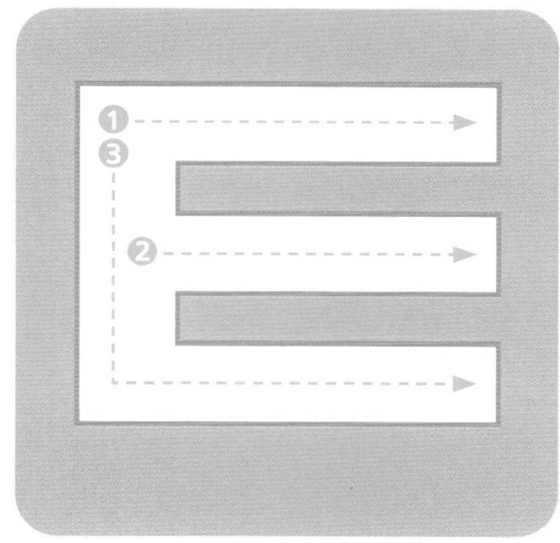

도토리

트럭

티셔츠

자음
ㅍ ㅎ

ㅍ, ㅎ을 소리 내어 읽으면서
순서에 맞게 따라 써요.

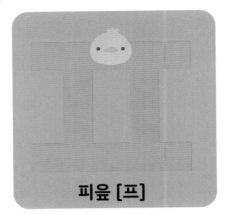

피읖 [프]

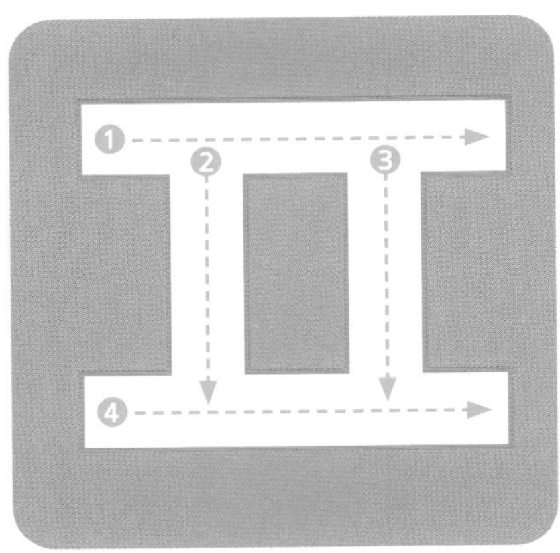

ㅍ
ㅍ
ㅍ
ㅍ

 포도

 프라이팬

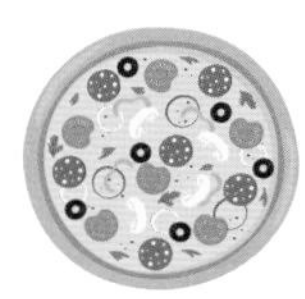 피자

히읗 [흐]

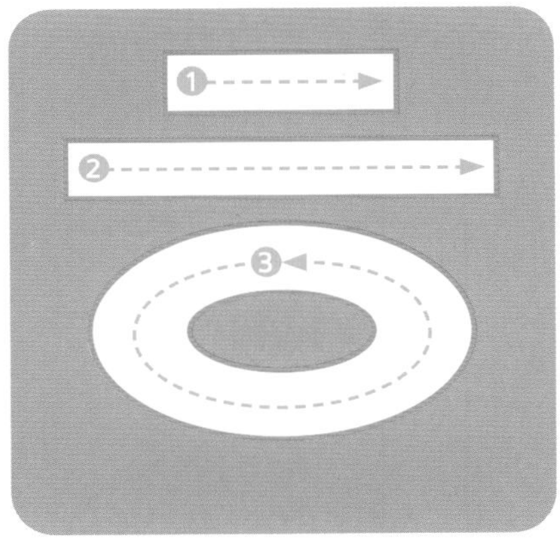

ㅎ
ㅎ
ㅎ
ㅎ

 허리띠

 호떡

 하이에나

자음 복습 — 비슷한 자음끼리 묶어 소리 내면서 따라 써요.

박수, 박수!

ㄱ ㄲ ㄴ ㄷ ㅌ

[그] [크] [느] [드] [트]

ㄹ ㅁ ㅂ ㅍ

[르] [므] [브] [프]

ㅅ ㅈ ㅊ

[스] [즈] [츠]

ㅇ ㅎ

[으] [흐]

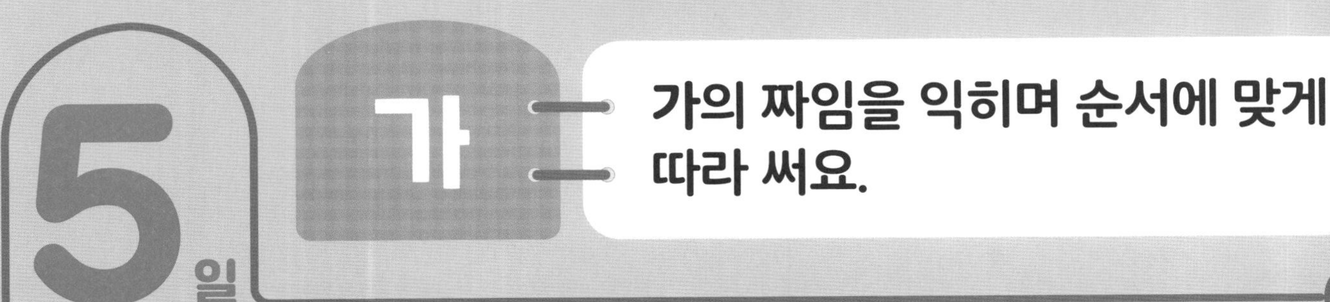
5
일
가

가의 짜임을 익히며 순서에 맞게 따라 써요.

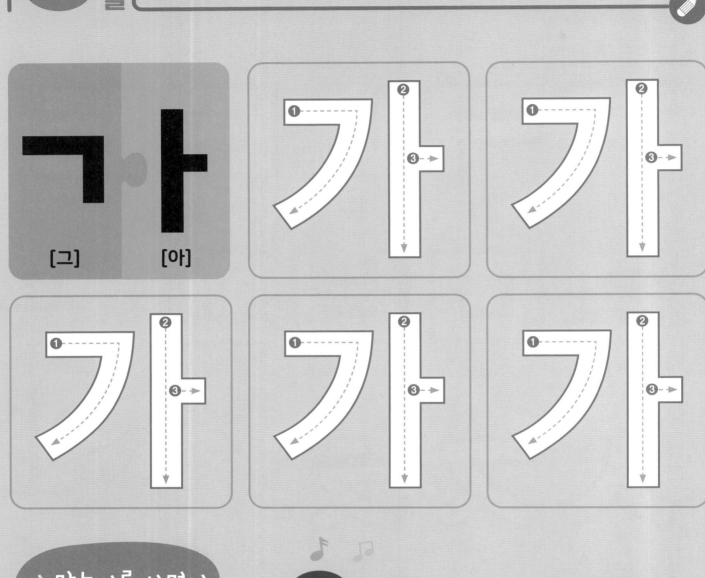

ㄱ [그] ㅏ [아]

가 가 가 가 가

가 말놀이를 하면서 장면을 상상해요. 
가

가수가 가오리 가면을 쓰고 노래해요.

가

낱말을 보고 소리 내어 읽으면서 가를 따라 써요.

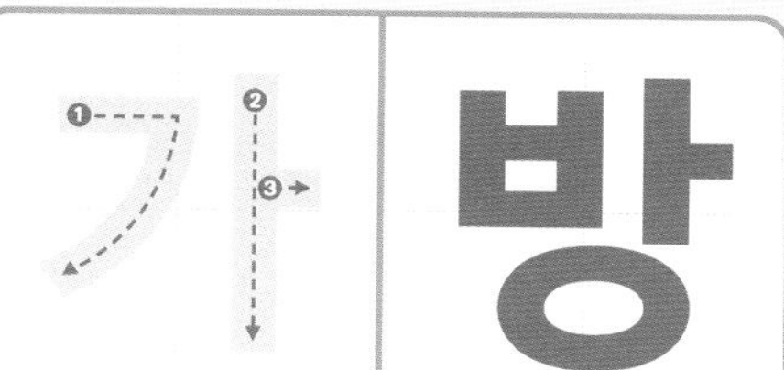
가 방

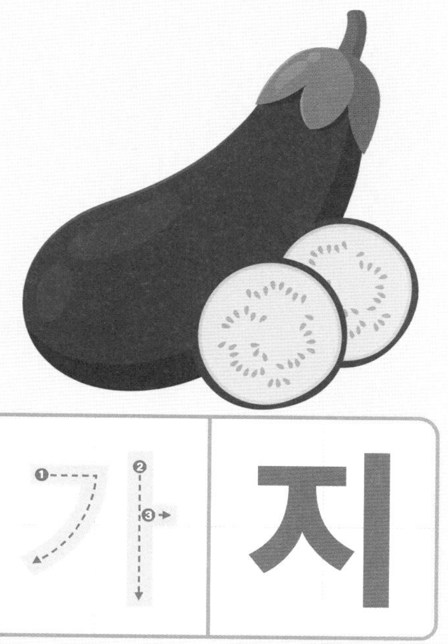
가 지

숟

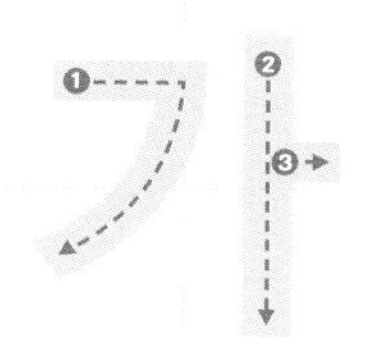
가

락

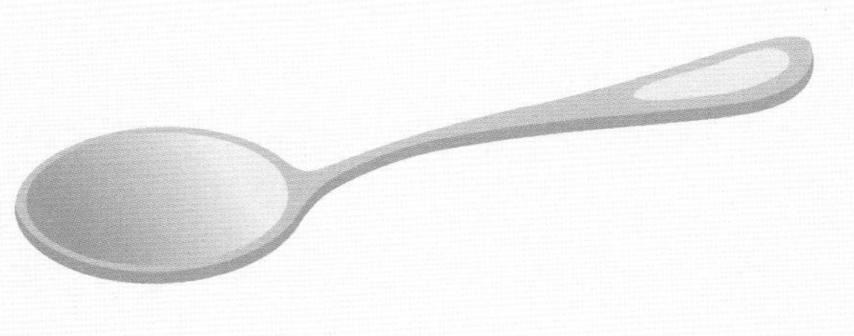

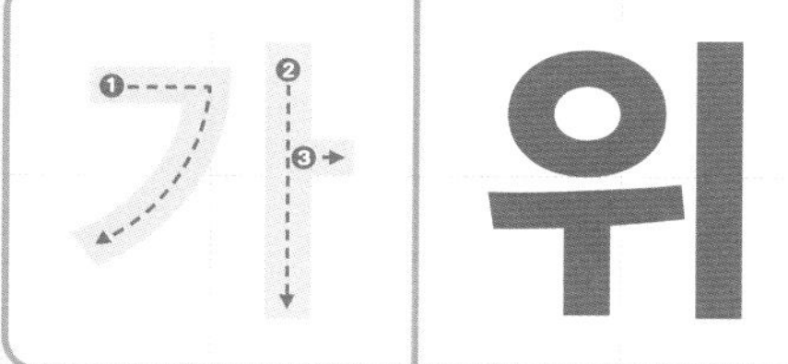
가 위

가방을 싸요.
가지 요리 해 주세요.
숟가락 여기 여기!
가위도 가져가요?

가, 거, 고
구, 그, 기

소리 내어 읽고 흐린 글자를 따라 쓰며 '가, 거, 고, 구, 그, 기'를 익혀 보세요.

그, 아, 가! 그, 아, 가! 반복하여 소리 내며 글자가 만들어지는 규칙을 배워요.
ㅏ, ㅓ, ㅣ는 오른쪽에 ㅗ, ㅜ, ㅡ는 아래에서 만나는 모양도 익히세요.

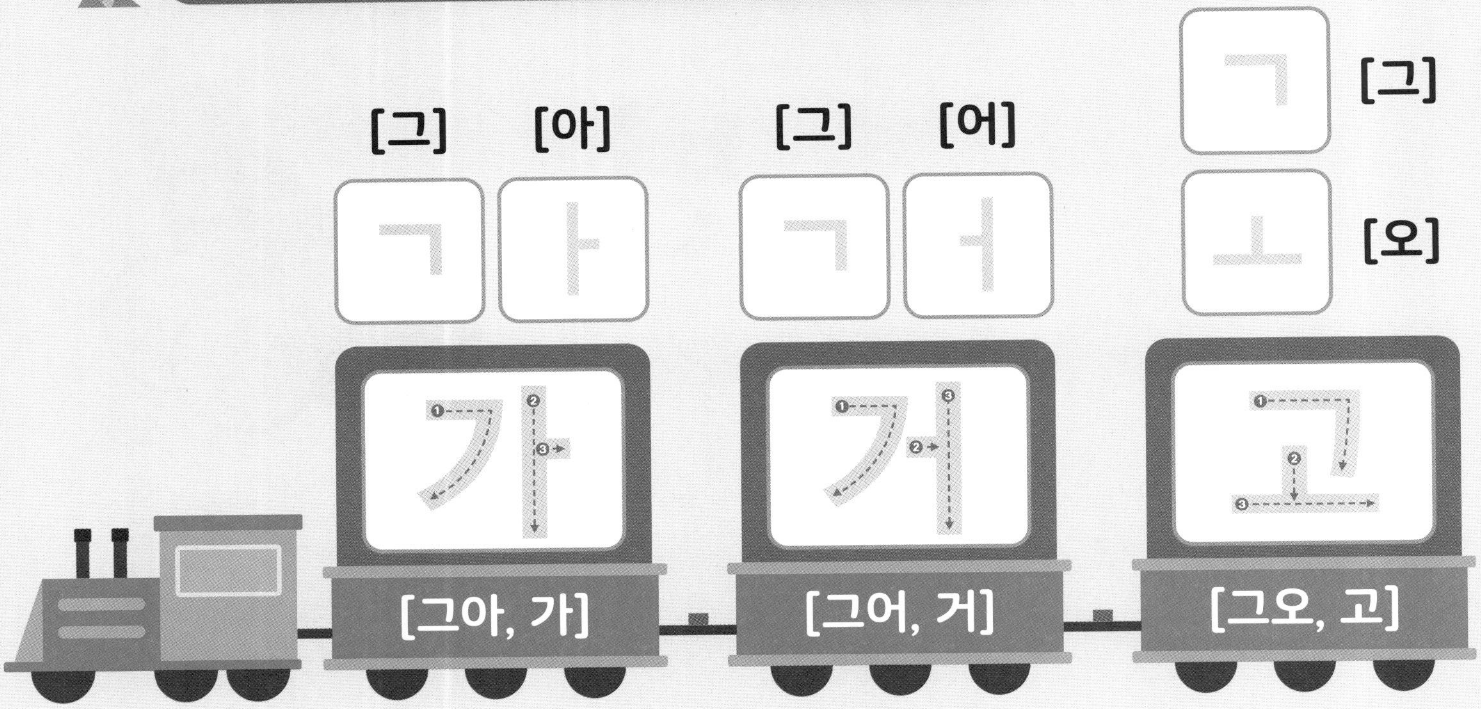

[그] [아]
ㄱ ㅏ
가
[그아, 가]

[그] [어]
ㄱ ㅓ
거
[그어, 거]

ㄱ [그]
ㅗ [오]
고
[그오, 고]

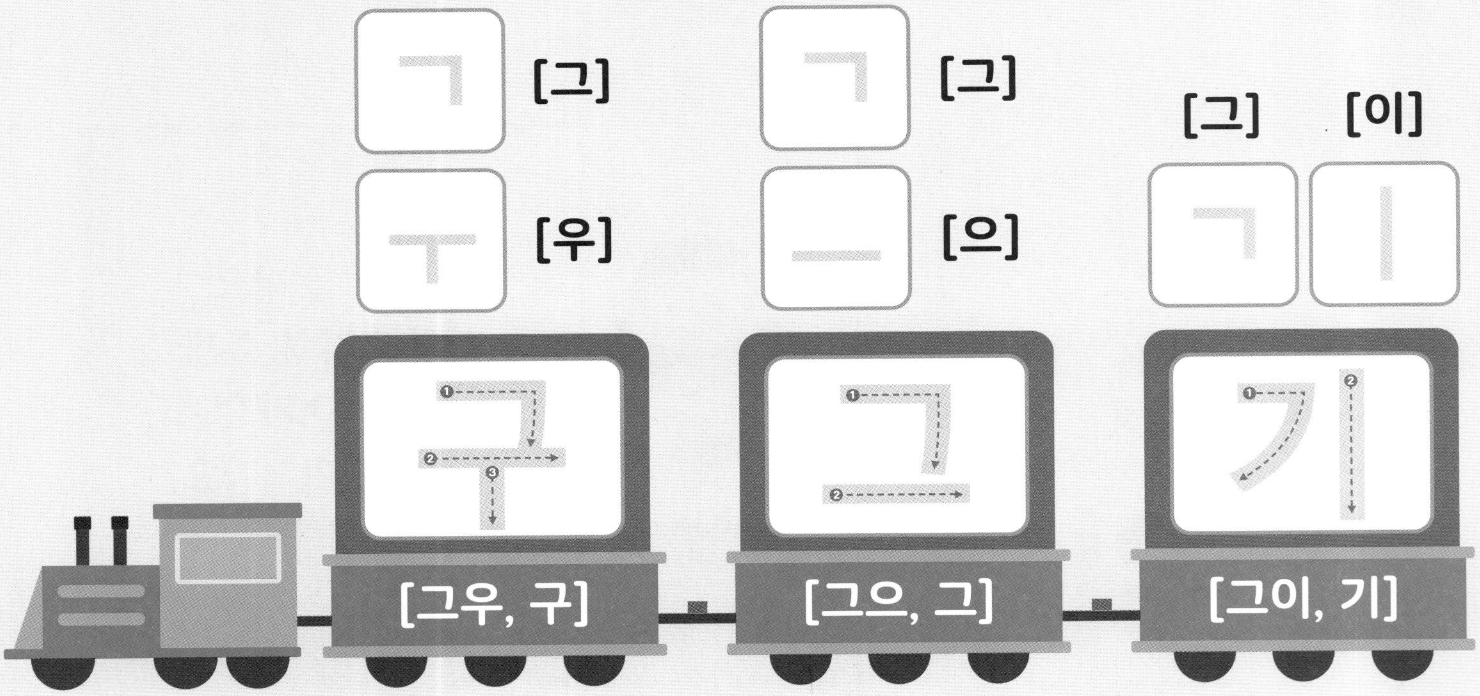

ㄱ [그]
ㅜ [우]
구
[그우, 구]

ㄱ [그]
ㅡ [으]
그
[그으, 그]

[그] [이]
ㄱ ㅣ
기
[그이, 기]

가, 거, 고
구, 그, 기

'가, 거, 고, 구, 그, 기'를 따라 쓰며 낱말을 익혀 보세요.

멋져, 멋져!

가수

거미

고슴도치

구두

그네

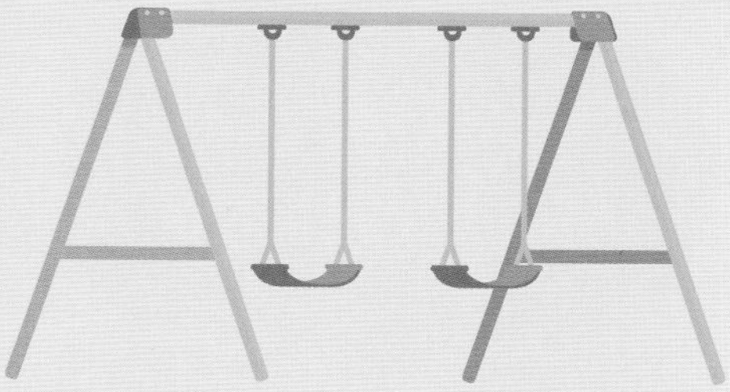

기린

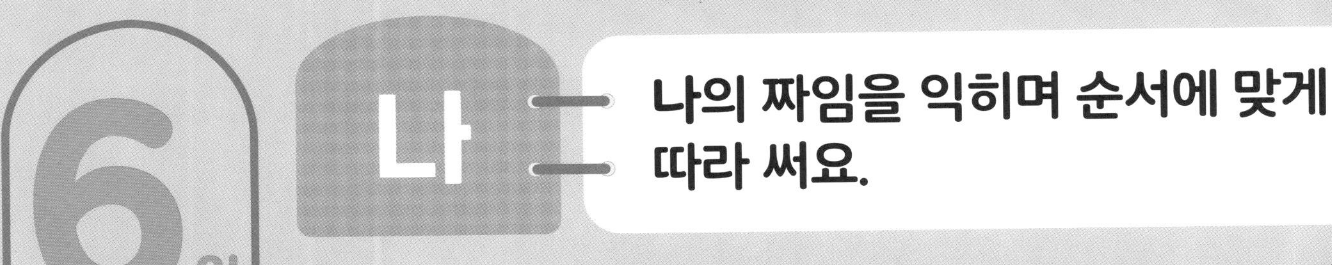

6일 나

나의 짜임을 익히며 순서에 맞게 따라 써요.

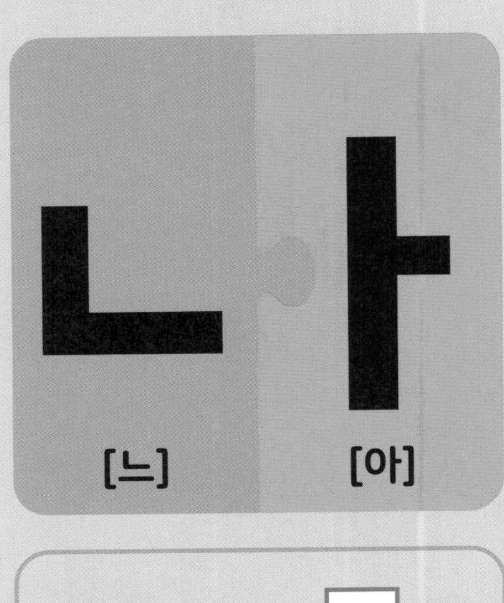
나
[느]
[아]

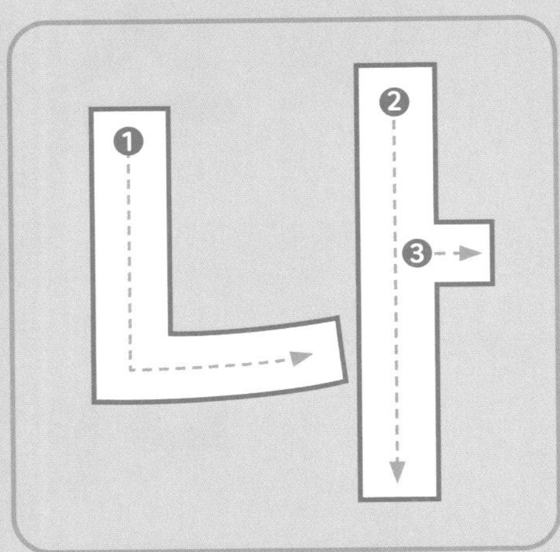

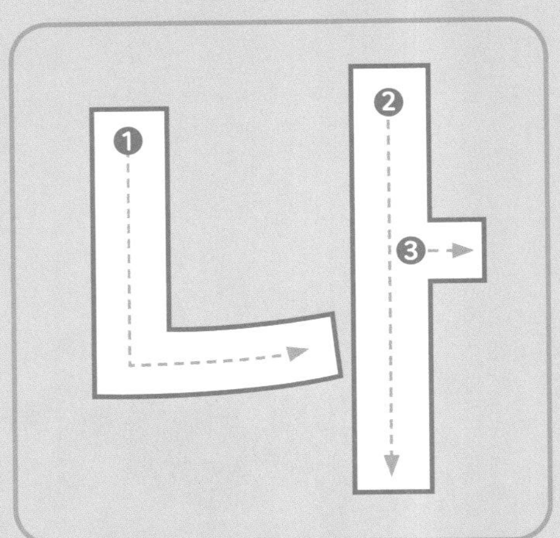

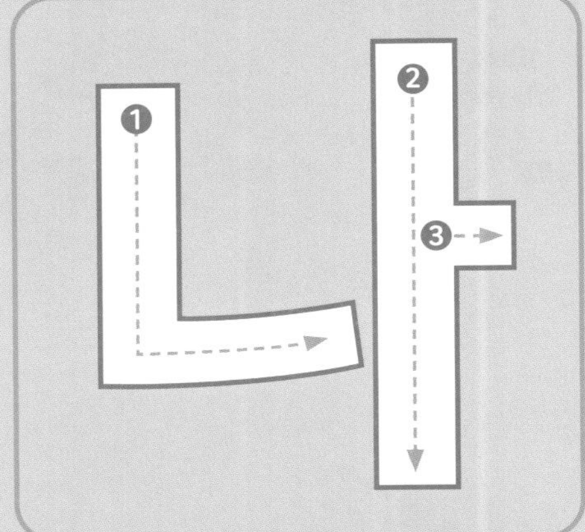

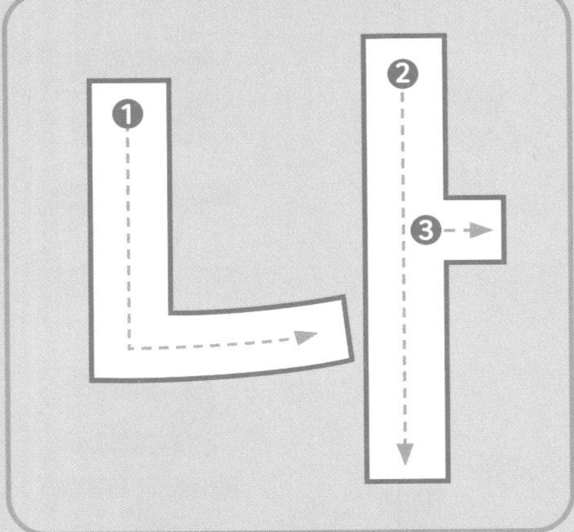

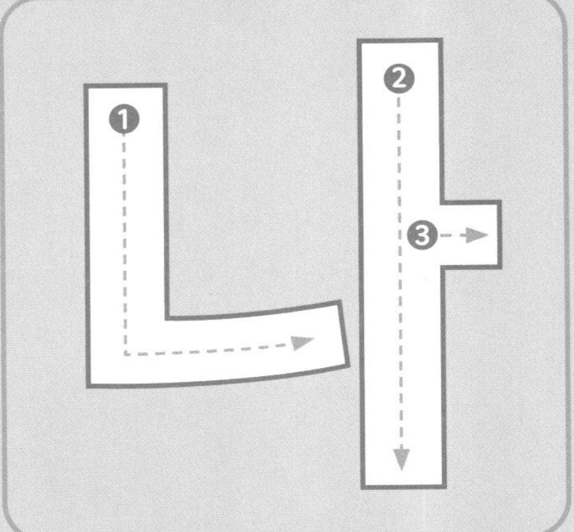

나 말놀이를 하면서 장면을 상상해요.

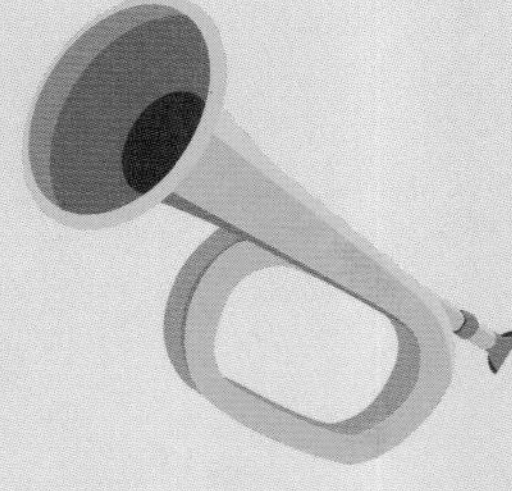

누나! 나팔꽃이 나팔을 닮았어.

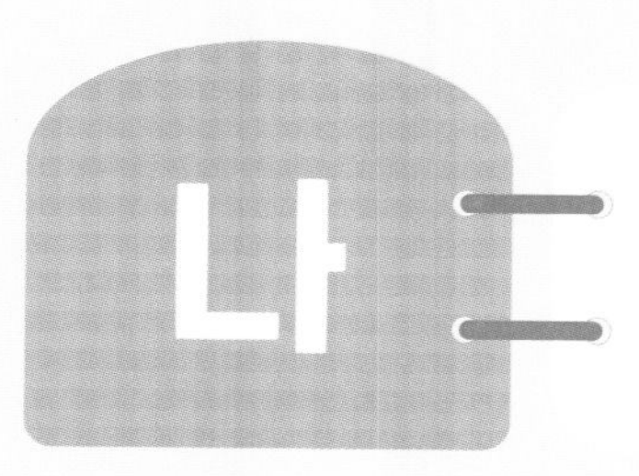
나

낱말을 보고 소리 내어 읽으면서
나를 따라 써요.

나비

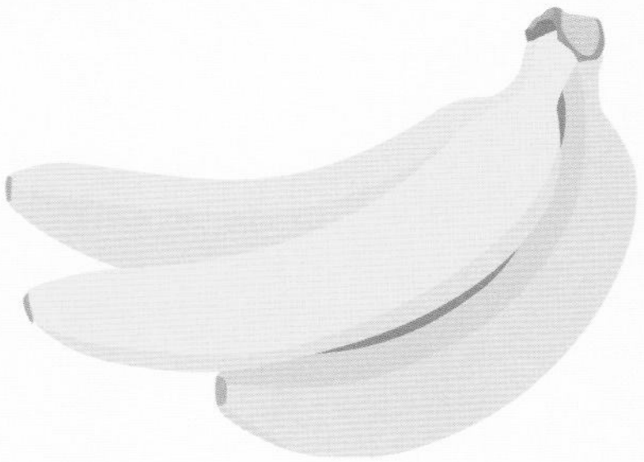

바나나

개나리

나무

나비야!
개나리, 바나나,
나무 중
어디로 갈래?

나, 너, 노
누, 느, 니

소리 내어 읽고 흐린 글자를 따라 쓰며
'나, 너, 노, 누, 느, 니'를 익혀 보세요.

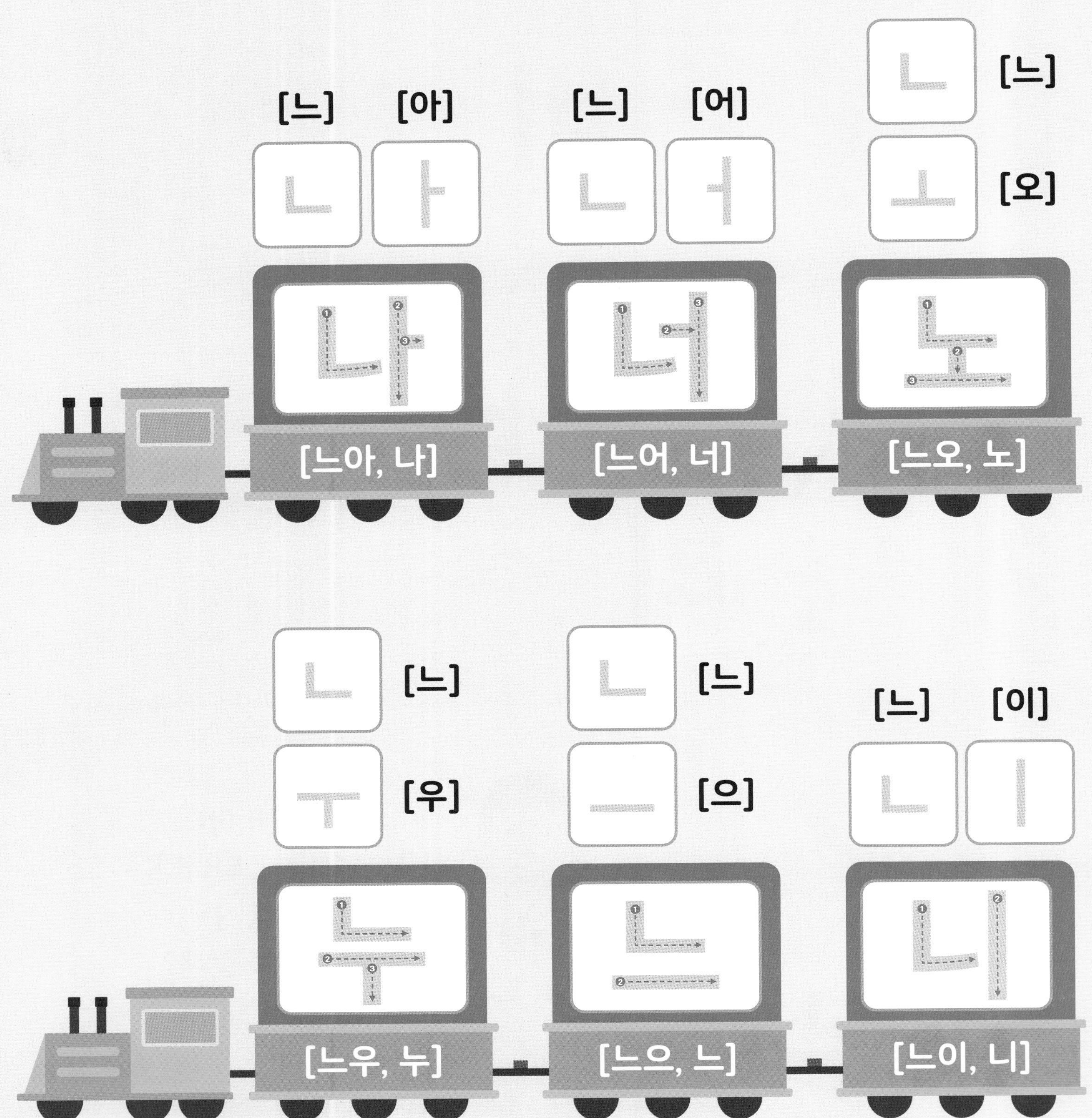

[느] [아]
ㄴ ㅏ
나
[느아, 나]
[느] [어]
ㄴ ㅓ
너
[느어, 너]
ㄴ [느]
ㅗ [오]
노
[느오, 노]
ㄴ [느]
ㅜ [우]
누
[느우, 누]
ㄴ [느]
ㅡ [으]
느
[느으, 느]
[느] [이]
ㄴ ㅣ
니
[느이, 니]

나, 너, 노
누, 느, 니

'나, 너, 노, 누, 느, 니'를 따라 쓰며 낱말을 익혀 보세요.

참 잘했어요!

나팔꽃

너구리

노루

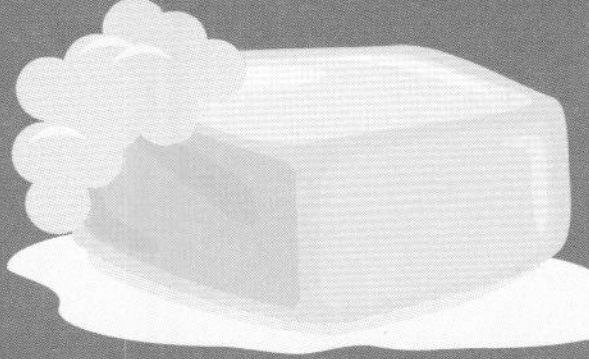

비누

느티나무

바구니

7일 다

다의 짜임을 익히며 순서에 맞게 따라 써요.

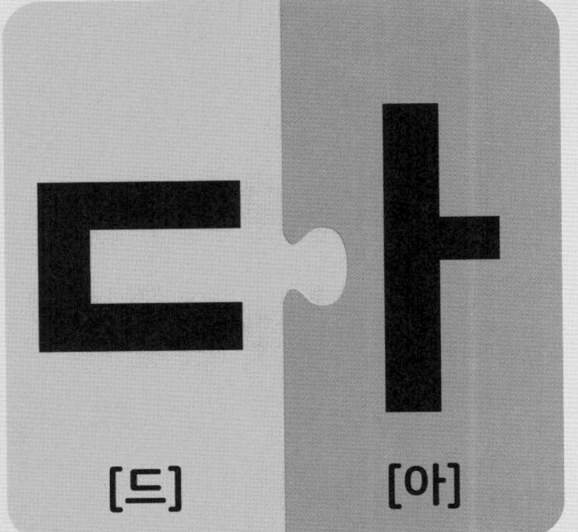

[드]
[아]

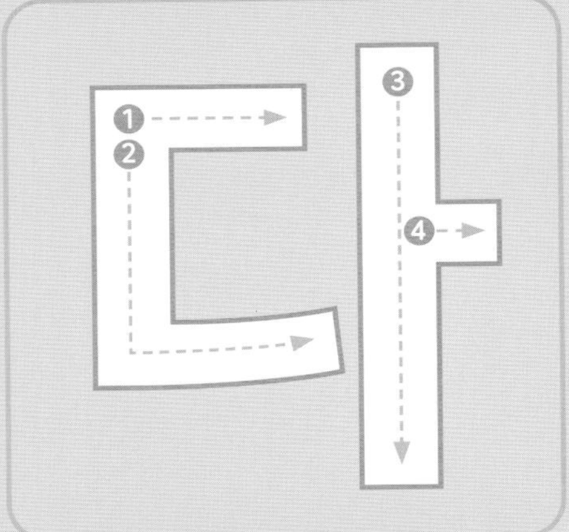

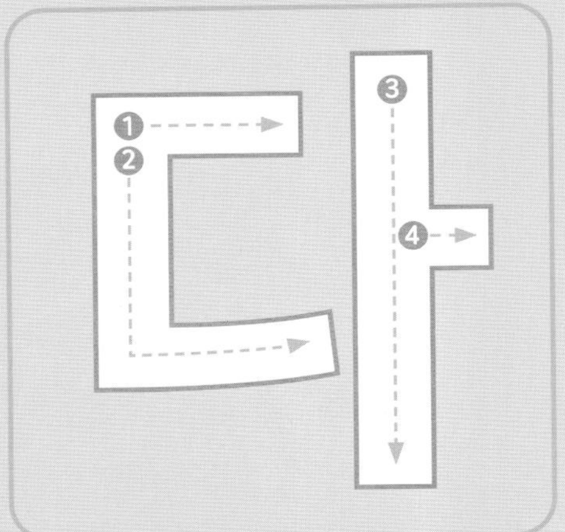

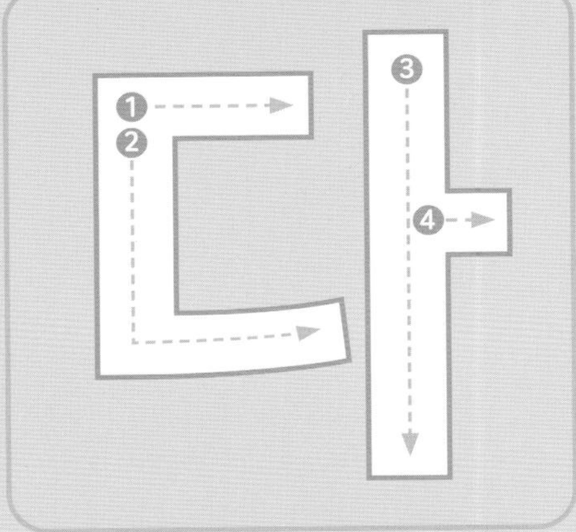

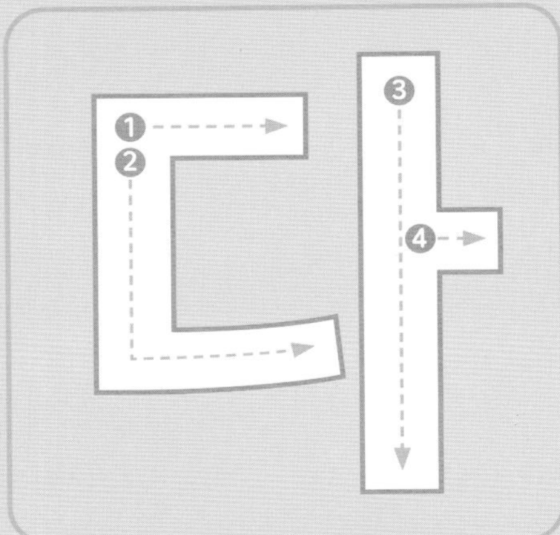

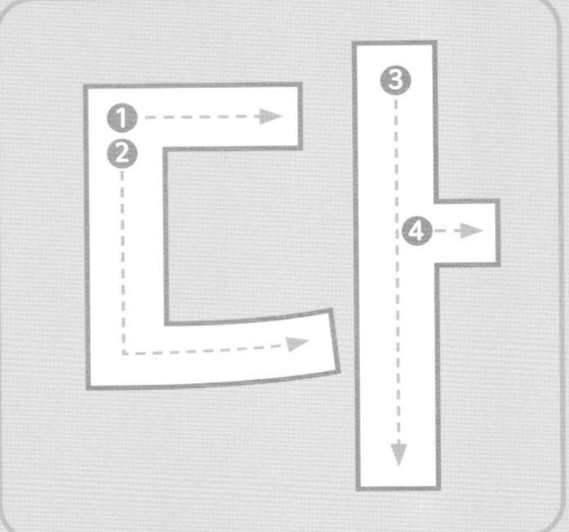

다 말놀이를 하면서 장면을 상상해요.

다람쥐 다섯 마리, 다트 놀이를 해요.

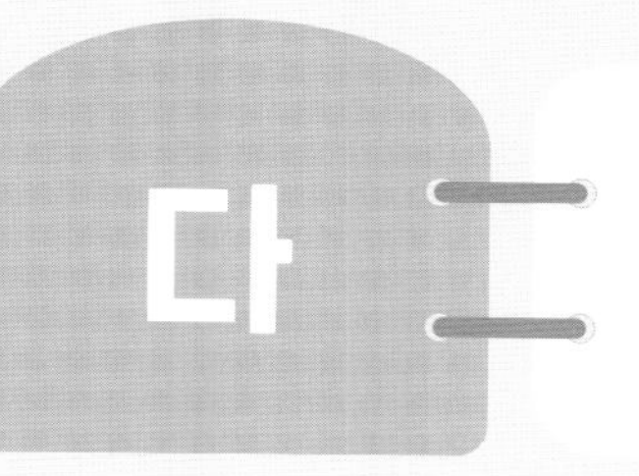
다

낱말을 보고 소리 내어 읽으면서 다를 따라 써요.

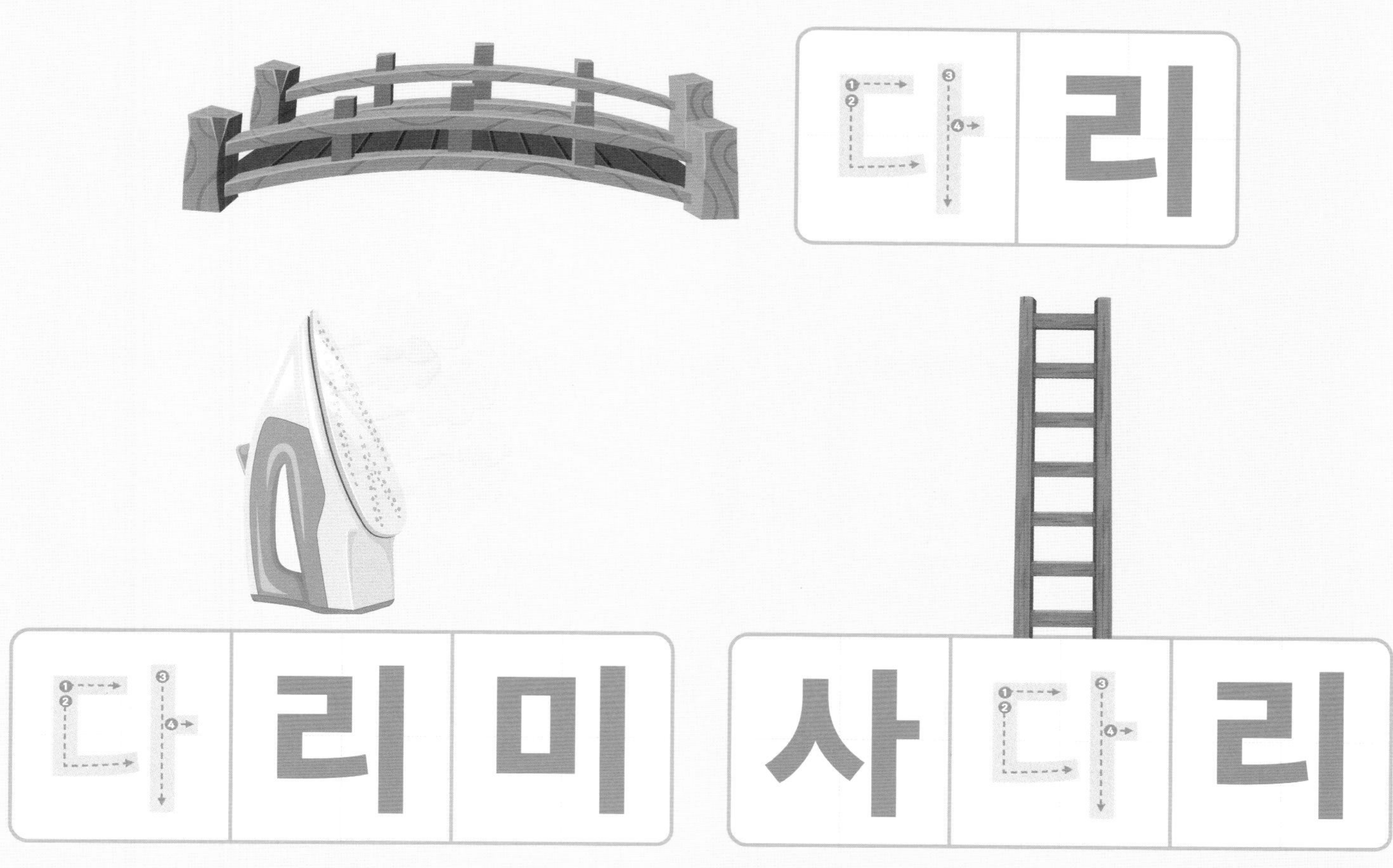
다리
다리미
사다리

판다

판다야,
다리미는 안 돼.
사다리를 올라갈까?
다리를 건너 볼까?

다, 더, 도
두, 드, 디

소리 내어 읽고 흐린 글자를 따라 쓰며 '다, 더, 도, 두, 드, 디'를 익혀 보세요.

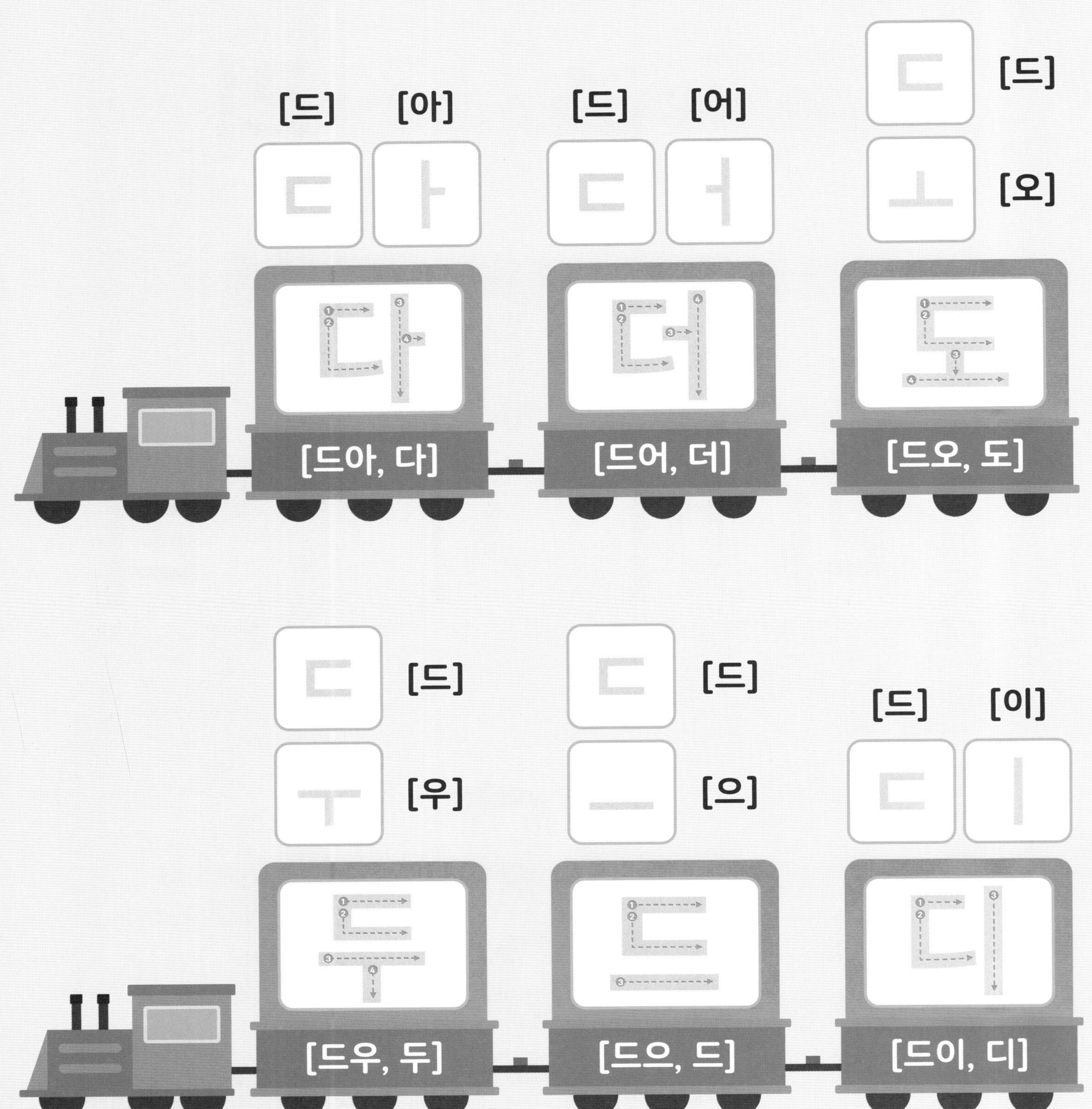

[드] [아]
ㄷ ㅏ
다
[드아, 다]
[드] [어]
ㄷ ㅓ
더
[드어, 더]
ㄷ [드]
ㅗ [오]
도
[드오, 도]
ㄷ [드]
ㅜ [우]
두
[드우, 두]
ㄷ [드]
ㅡ [으]
드
[드으, 드]
[드] [이]
ㄷ ㅣ
디
[드이, 디]

다, 더, 도
두, 드, 디

'다, 더, 도, 두, 드, 디'를 따라 쓰며
낱말을 익혀 보세요.

대단해요!

다람쥐

도넛

두더지

더위

드레스

멜로디언

8 일

라

라의 짜임을 익히며 순서에 맞게 따라 써요.

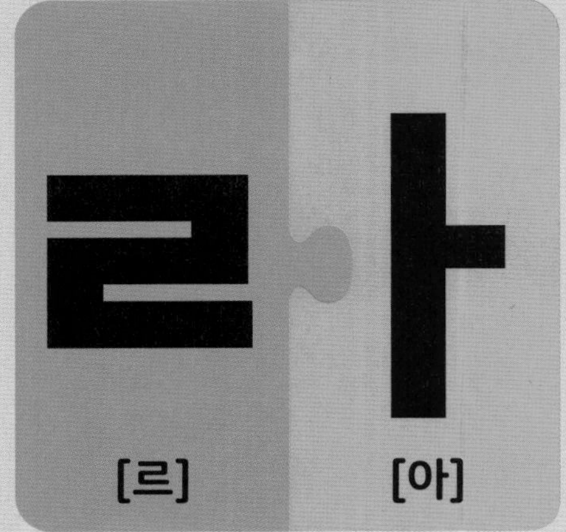
ㄹ ㅏ
[르] [아]

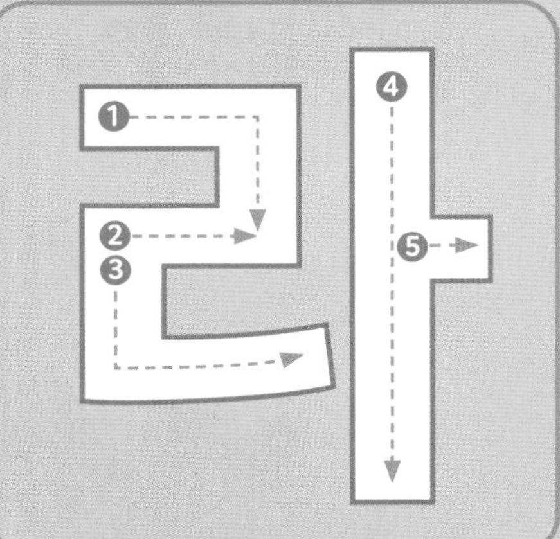
라

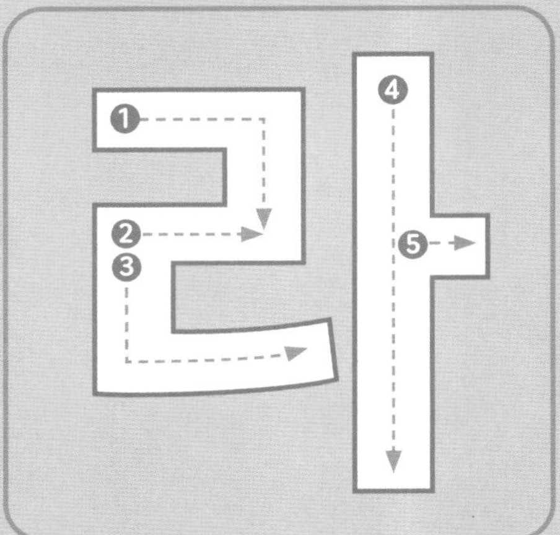
라

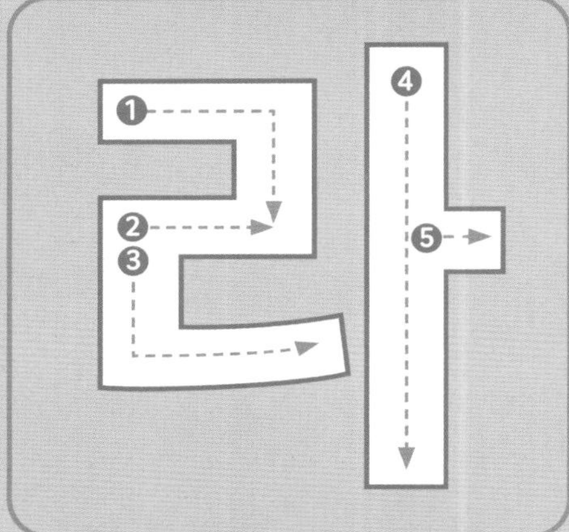
라

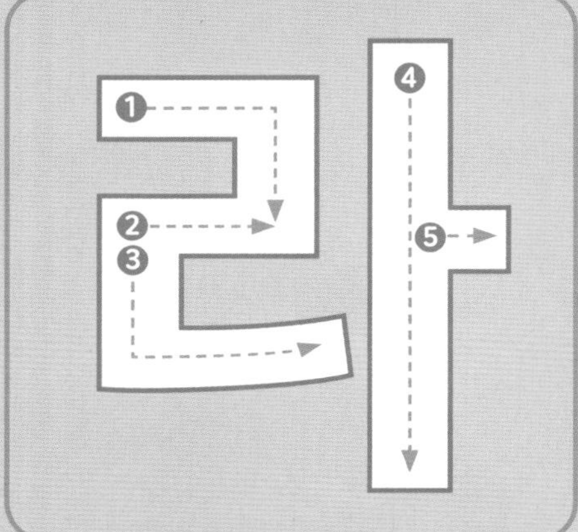
라

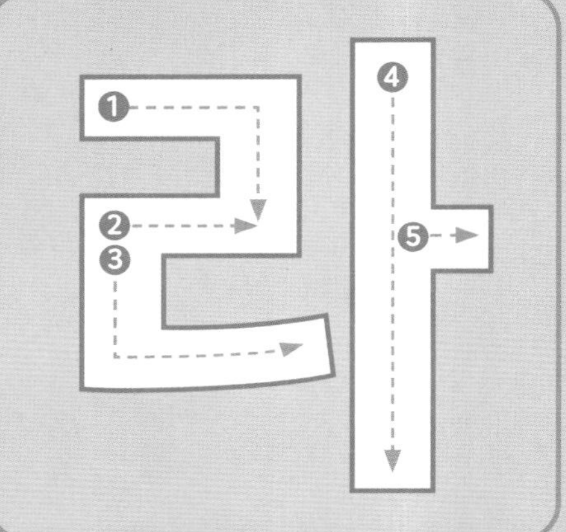
라

라 말놀이를 하면서 장면을 상상해요.

라

라일락 아래 고릴라야, 라면 맛있니?

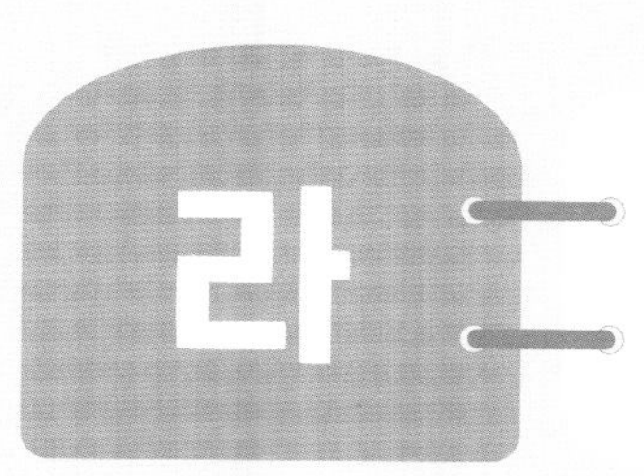
라

낱말을 보고 소리 내어 읽으면서 라를 따라 써요.

코알라

카메라

라디오

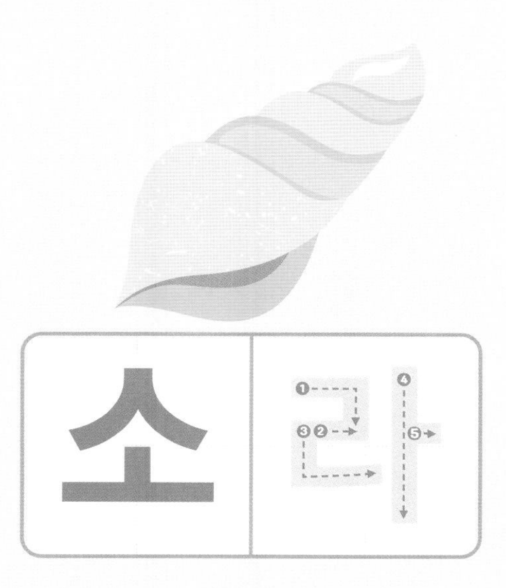
소라

코알라가
라디오를 들으며
소라를 먹는데,
누구지?
카메라가 찰칵!

라, 러, 로
루, 르, 리

소리 내어 읽고 흐린 글자를 따라 쓰며
'라, 러, 로, 루, 르, 리'를 익혀 보세요.

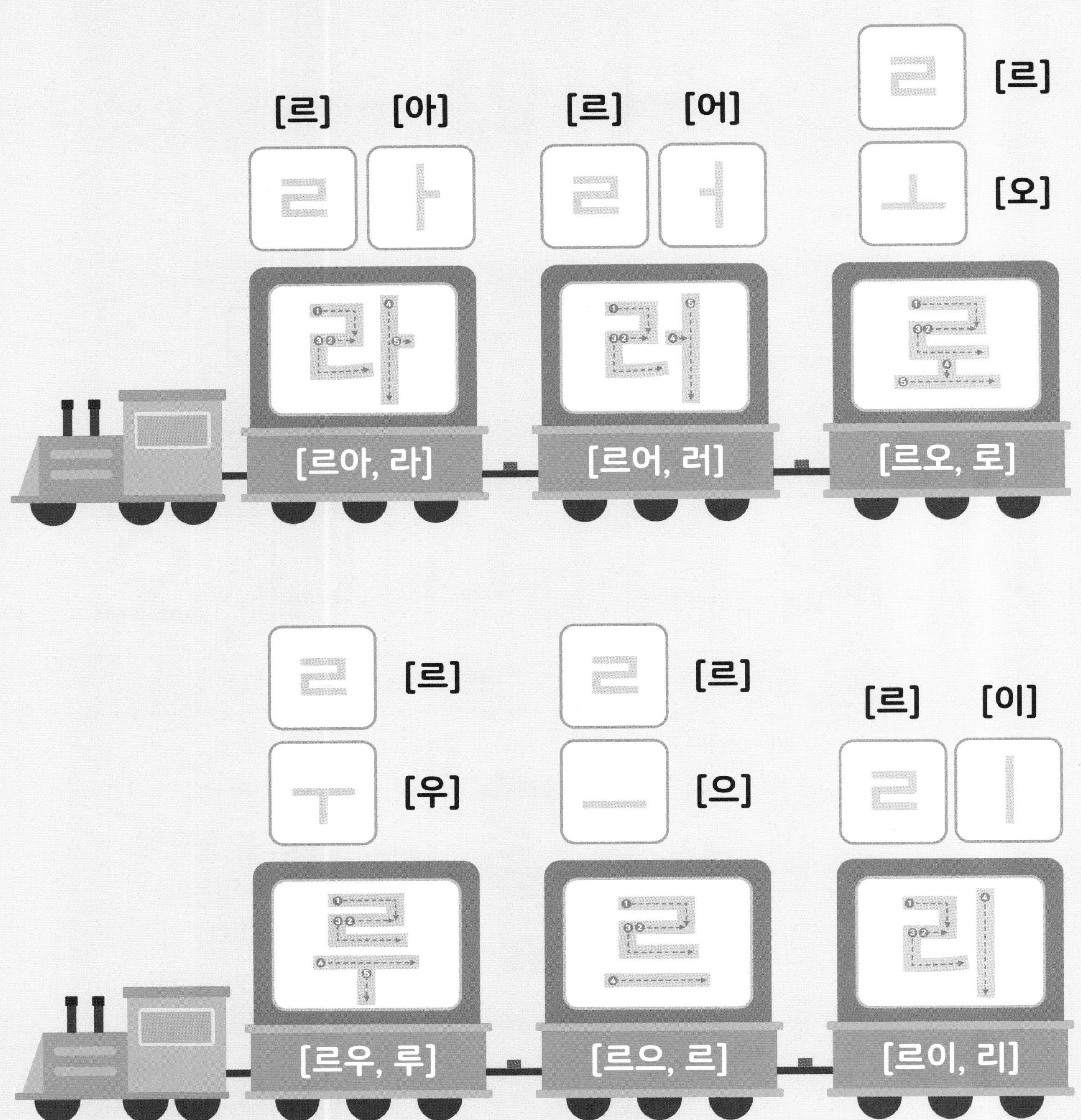
[ㄹ] [아]
ㄹ ㅏ
라
[ㄹ아, 라]
[ㄹ] [어]
ㄹ ㅓ
러
[ㄹ어, 러]
ㄹ [ㄹ]
ㅗ [오]
로
[ㄹ오, 로]
ㄹ [ㄹ]
ㅜ [우]
루
[ㄹ우, 루]
ㄹ [ㄹ]
ㅡ [으]
르
[ㄹ으, 르]
[ㄹ] [이]
ㄹ ㅣ
리
[ㄹ이, 리]

라, 러, 로
루, 르, 리

'라, 러, 로, 루, 르, 리'를 따라 쓰며 낱말을 익혀 보세요.

최고예요!

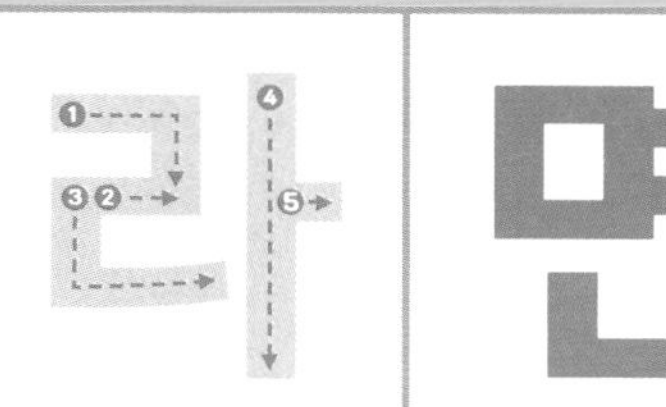
라면

밀

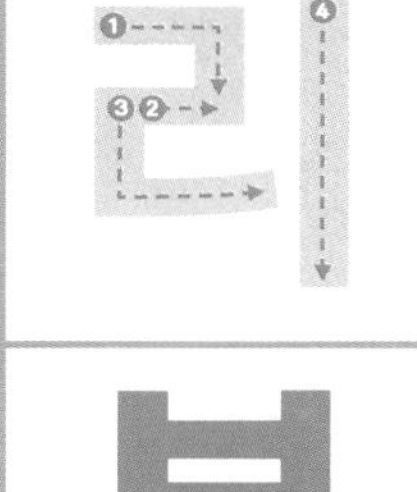
리

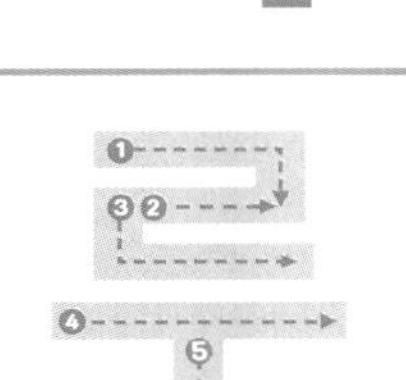
가

루

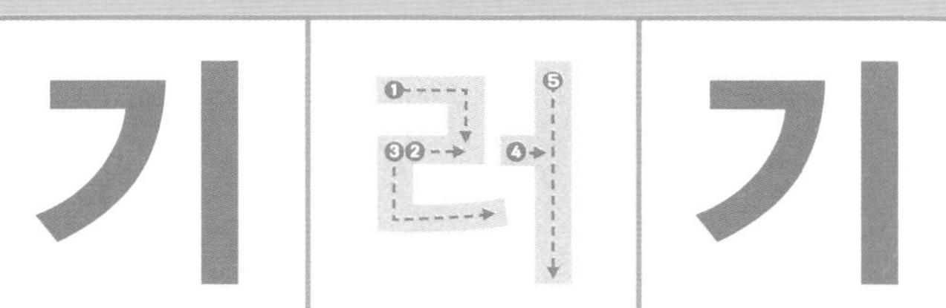
기러기

본

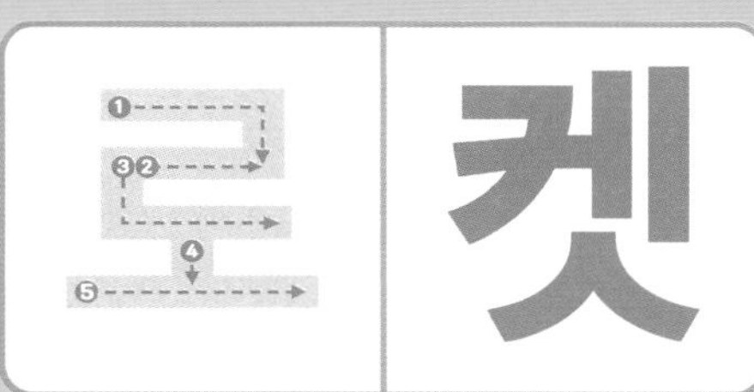
로켓

FEMENTED
MILK

요구르트

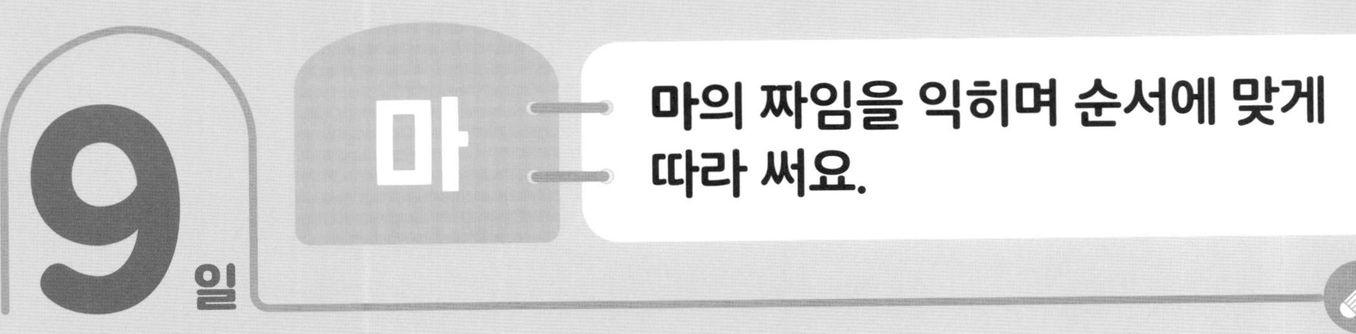
9일
마
마의 짜임을 익히며 순서에 맞게 따라 써요.

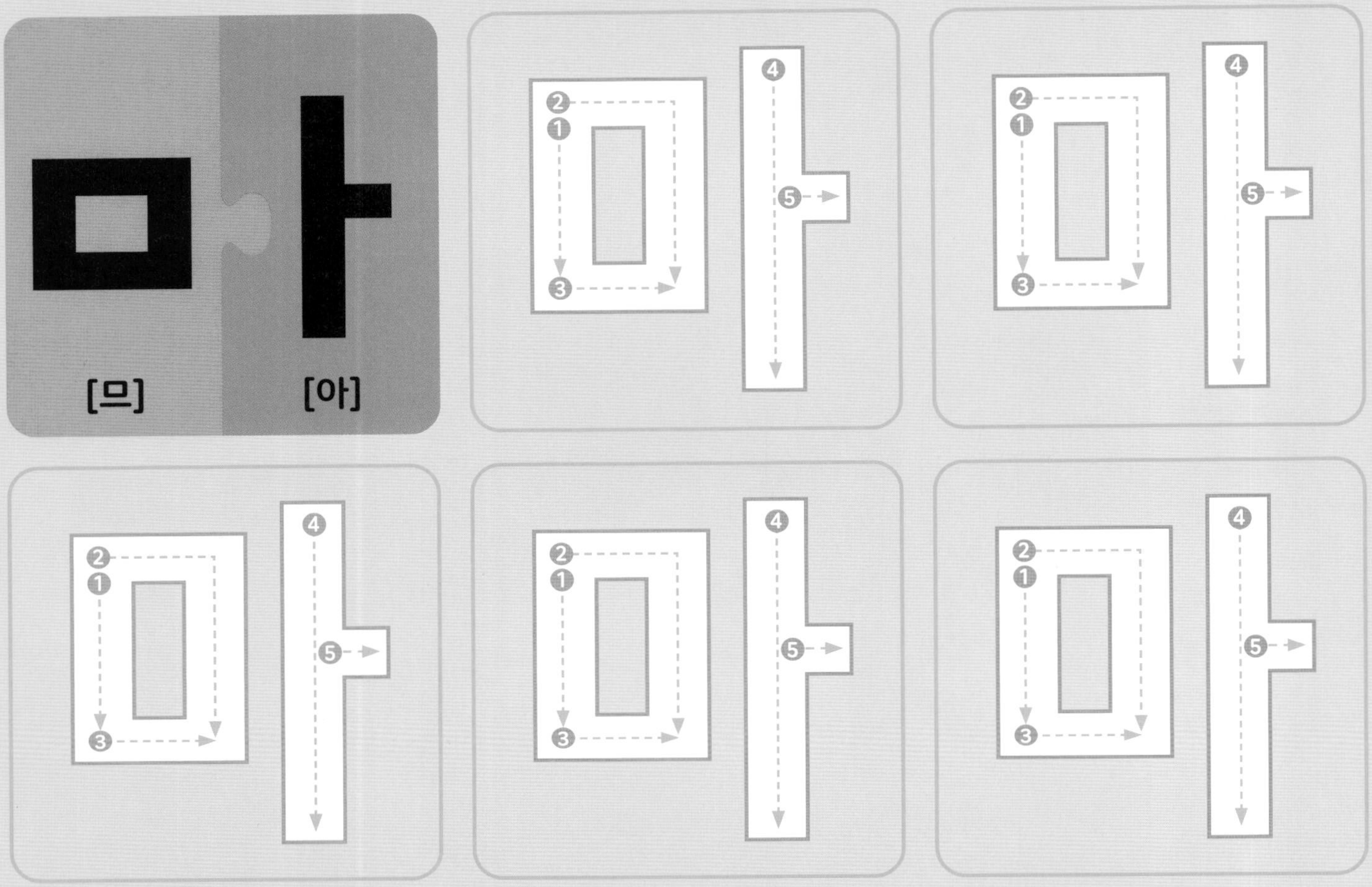

마

[므] [아]

마 마 마 마 마

마 말놀이를 하면서 장면을 상상해요.
마스크 사러 마트 가자. 치마도 살까?

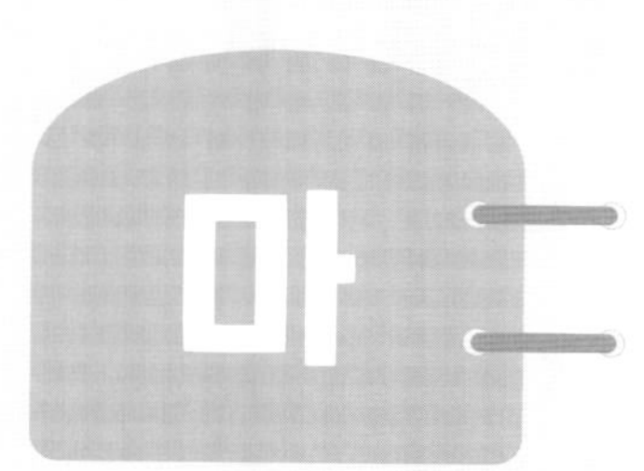
마

낱말을 보고 소리 내어 읽으면서
마를 따라 써요.

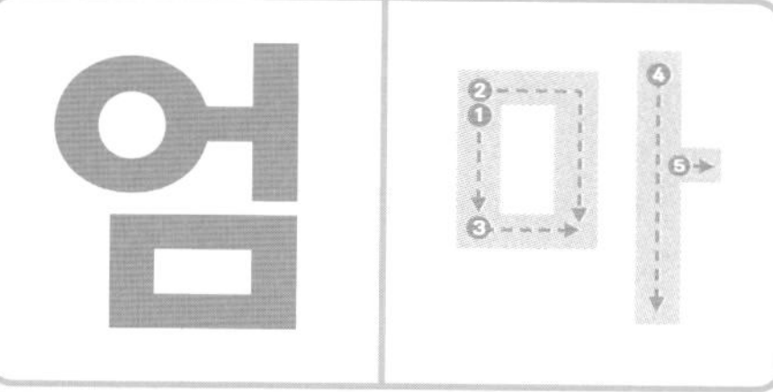
엄마

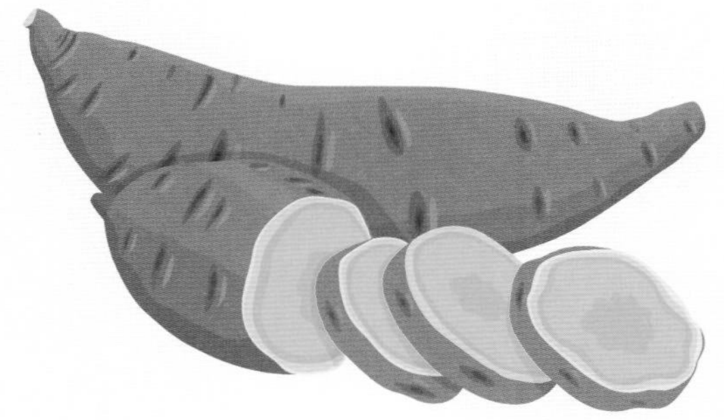

고구마

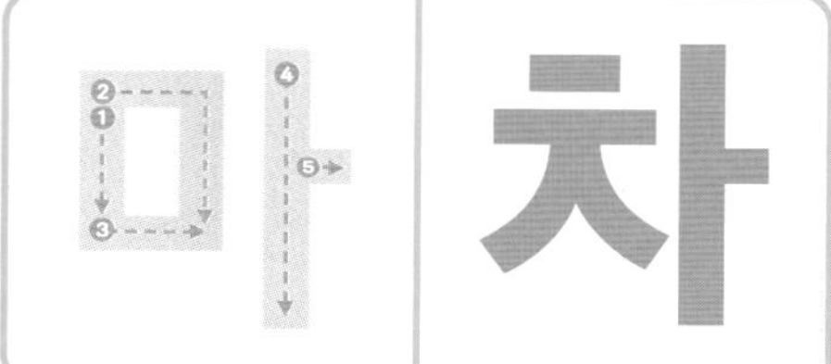
마차

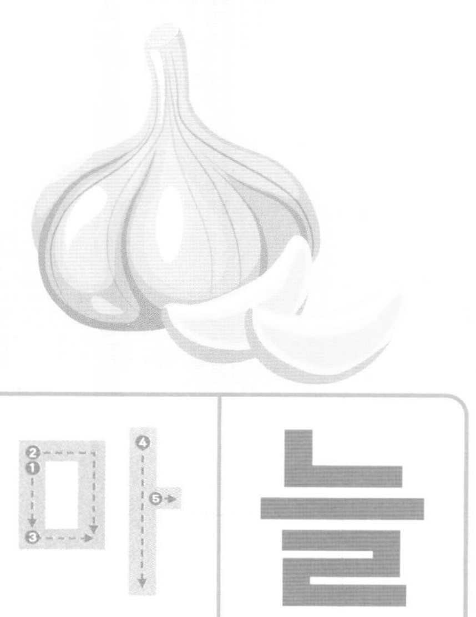
마늘

?
엄마!
마차에 마늘이랑
고구마를 왜 실어요?

마, 머, 모
무, 므, 미

소리 내어 읽고 흐린 글자를 따라 쓰며
'마, 머, 모, 무, 므, 미'를 익혀 보세요.

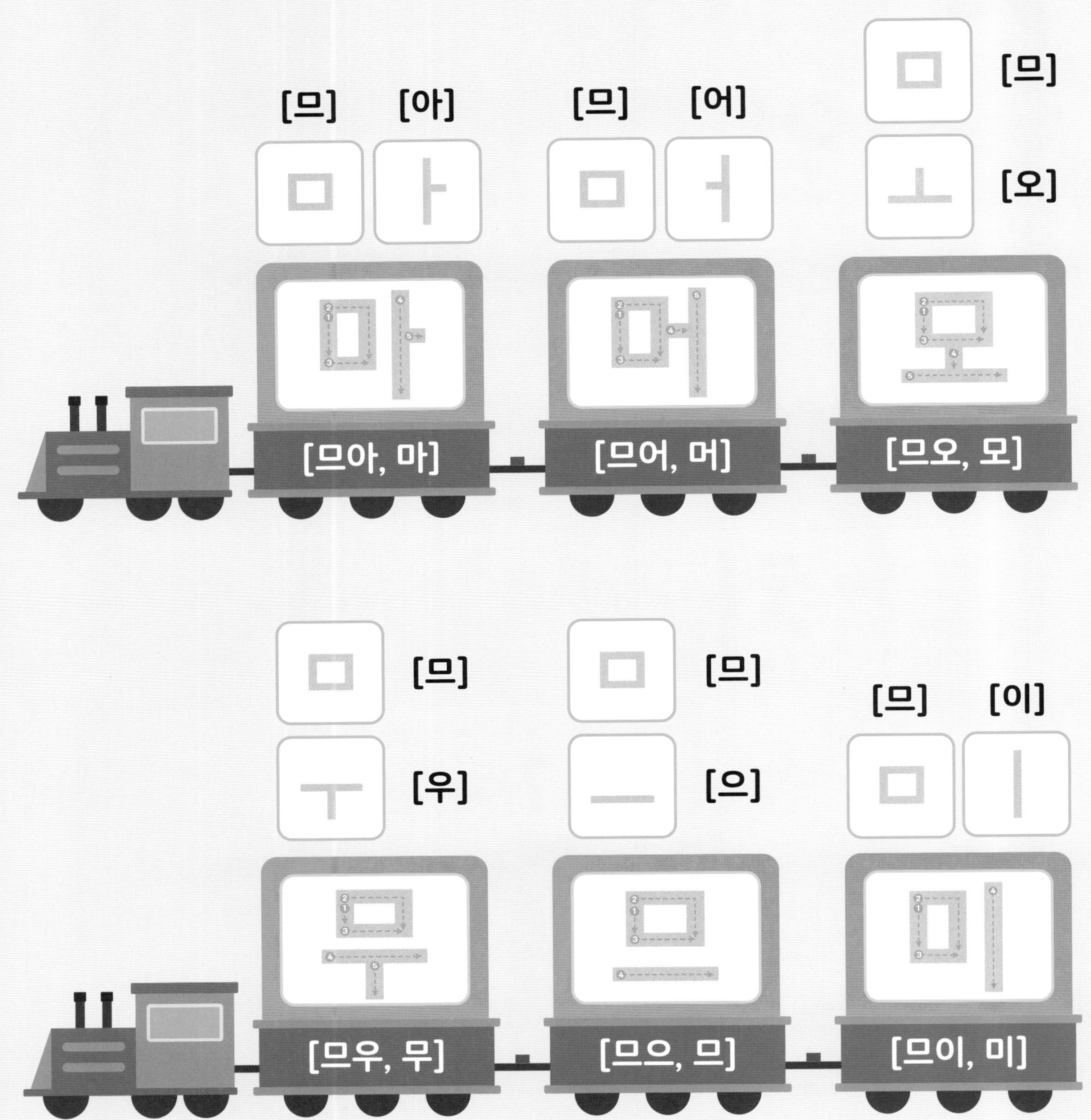

[므] [아]
ㅁ ㅏ
마
[므아, 마]
[므] [어]
ㅁ ㅓ
머
[므어, 머]
ㅁ [므]
ㅗ [오]
모
[므오, 모]
ㅁ [므]
ㅜ [우]
무
[므우, 무]
ㅁ [므]
ㅡ [으]
므
[므으, 므]
[므] [이]
ㅁ ㅣ
미
[므이, 미]

마, 머, 모
무, 므, 미

'마, 머, 모, 무, 므, 미'를 따라 쓰며
낱말을 익혀 보세요.

박수, 박수!

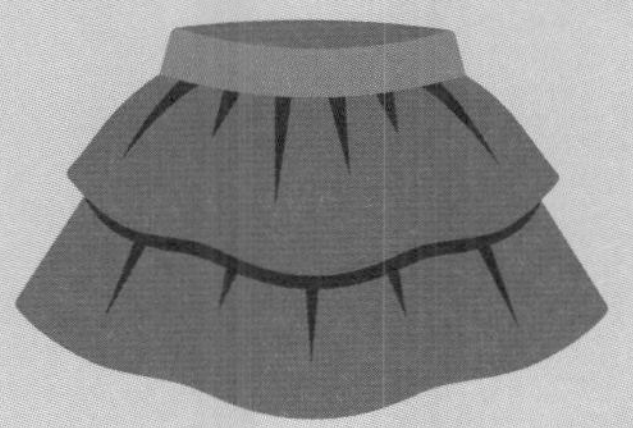

치마

할머니

모빌

무당벌레

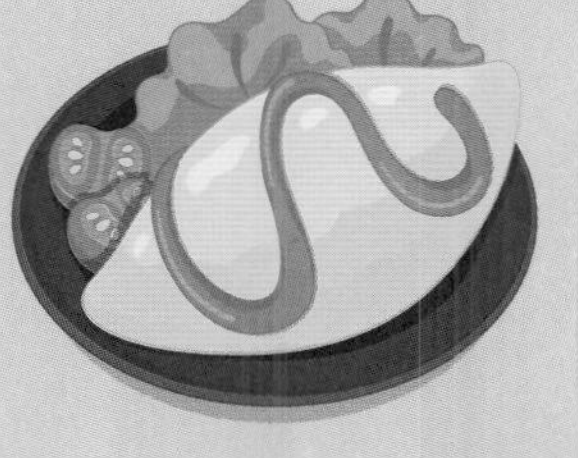

오므라이스

개미

10일

바

바의 짜임을 익히며 순서에 맞게 따라 써요.

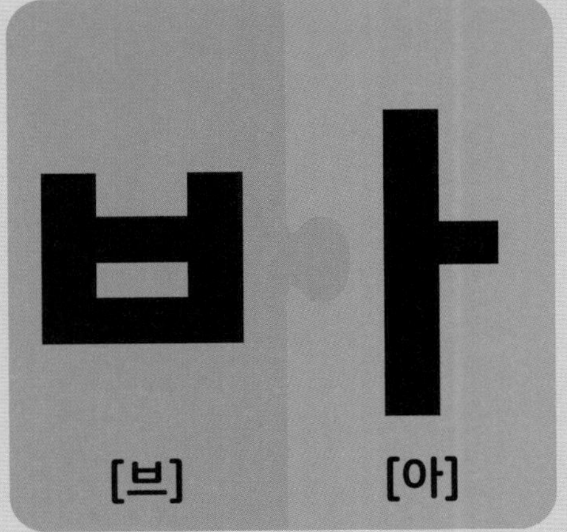
[브]
[아]

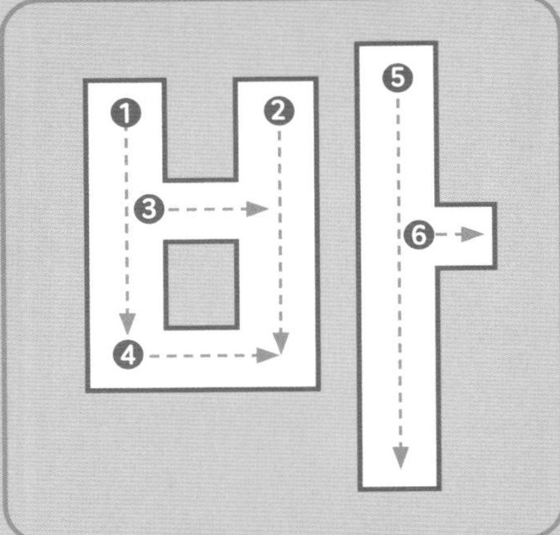

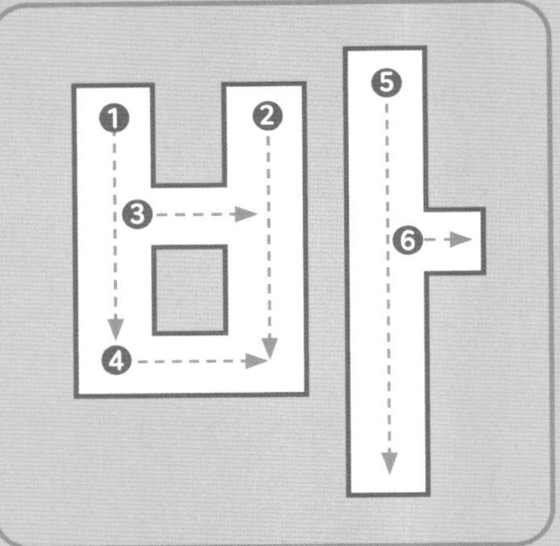

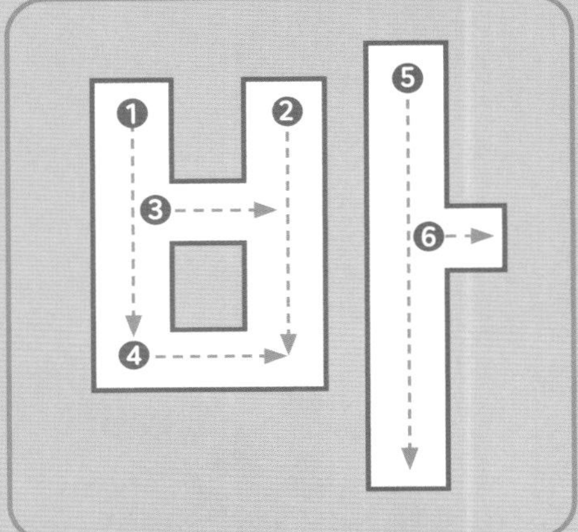

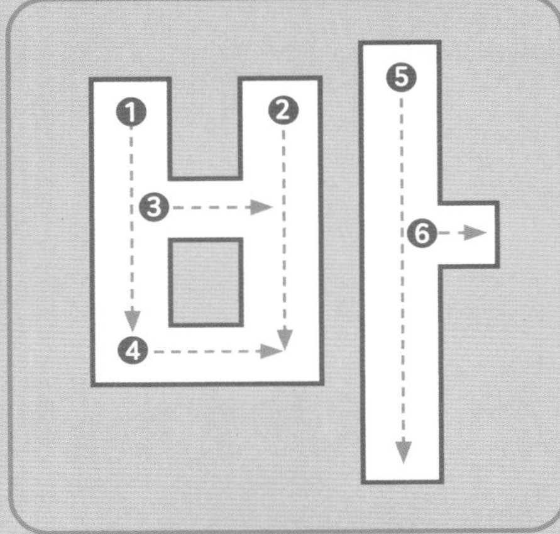

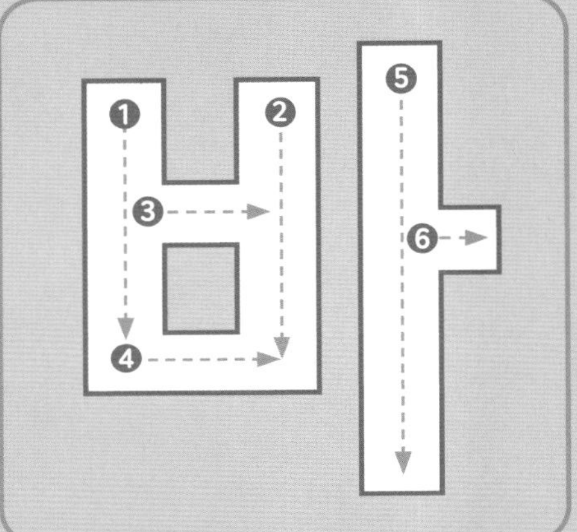

바 말놀이를 하면서 장면을 상상해요.

바람은 쌩쌩, 바람개비 팔랑팔랑, 바이올린 찌가찌가

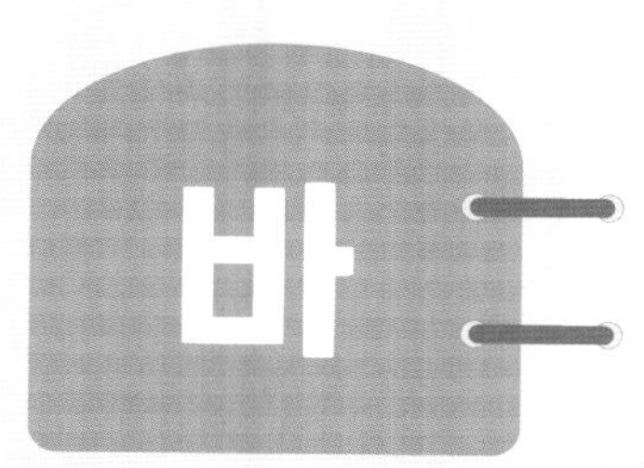
바

낱말을 보고 소리 내어 읽으면서
바를 따라 써요.

바구니

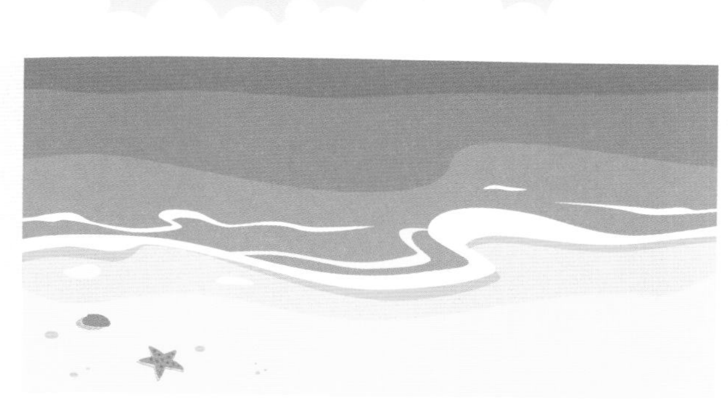

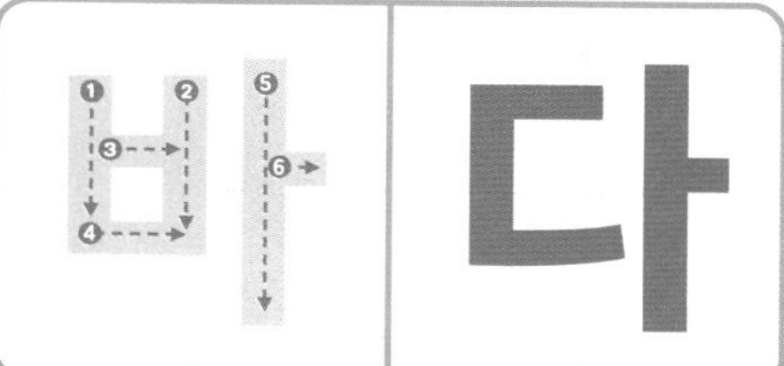
바다

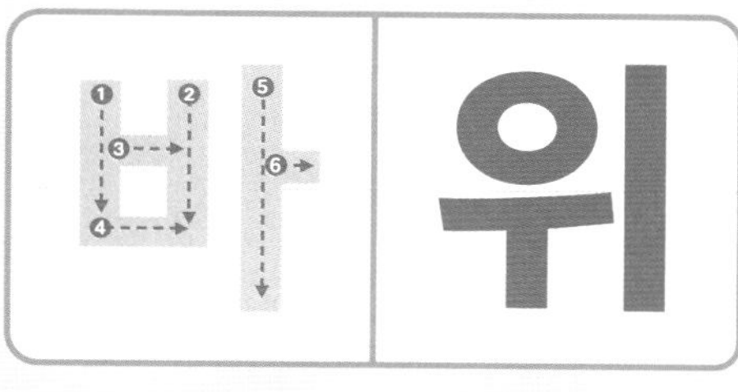
바위

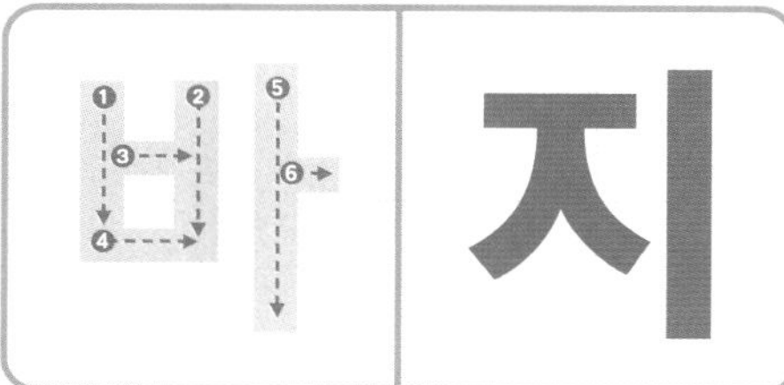
바지

?
바지 입고,
바구니 들고
바다로 가자.
잠깐!
바위에서 잠시만
쉴까?

바, 버, 보
부, 브, 비

소리 내어 읽고 흐린 글자를 따라 쓰며
'바, 버, 보, 부, 브, 비'를 익혀 보세요.

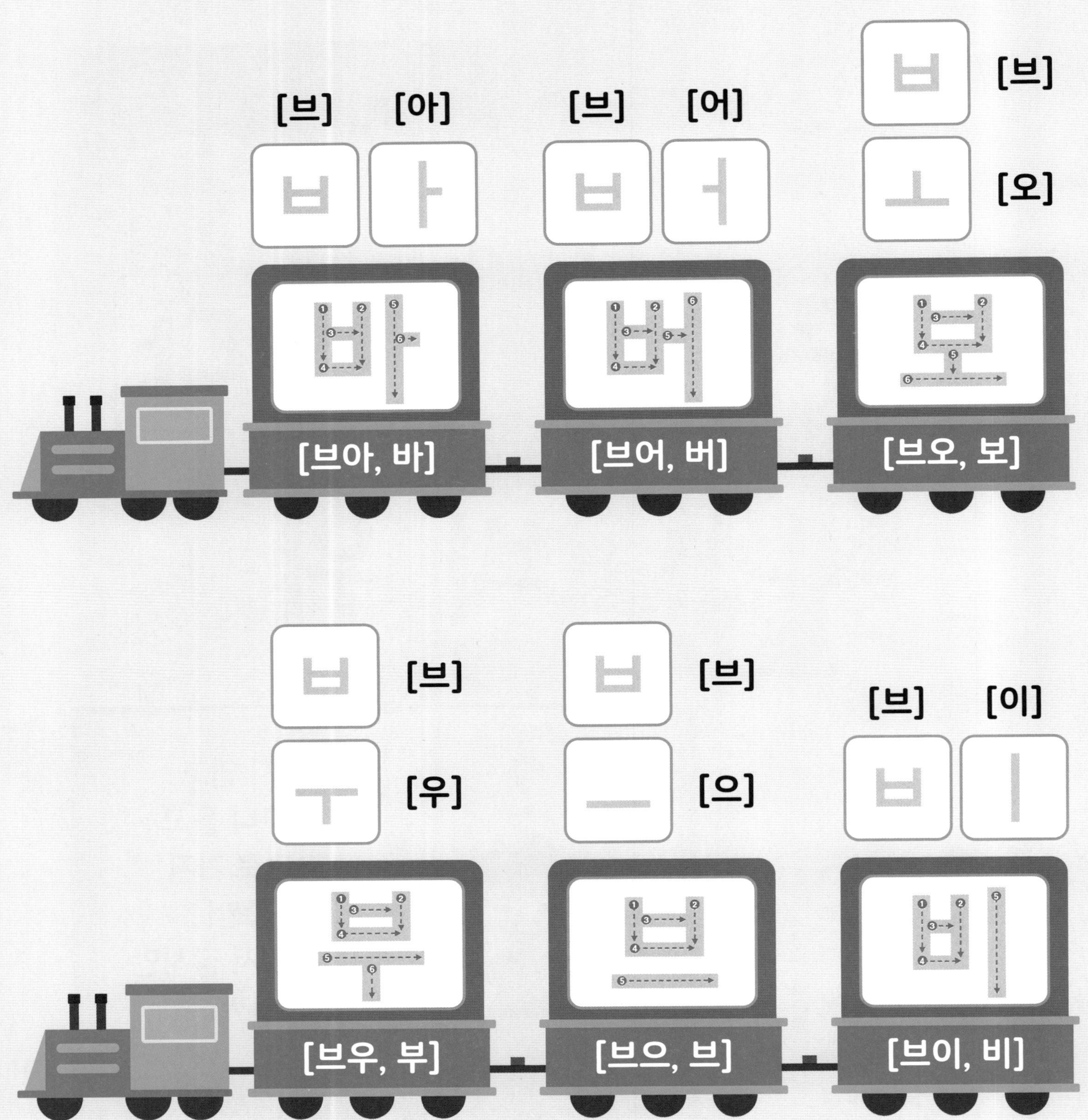

[브] [아]
ㅂ ㅏ
바
[브아, 바]
[브] [어]
ㅂ ㅓ
버
[브어, 버]
ㅂ [브]
ㅗ [오]
보
[브오, 보]
ㅂ [브]
ㅜ [우]
부
[브우, 부]
ㅂ [브]
ㅡ [으]
브
[브으, 브]
[브] [이]
ㅂ ㅣ
비
[브이, 비]

바, 버, 보
부, 브, 비

'바, 버, 보, 부, 브, 비'를 따라 쓰며
낱말을 익혀 보세요.

멋져, 멋져!

바다

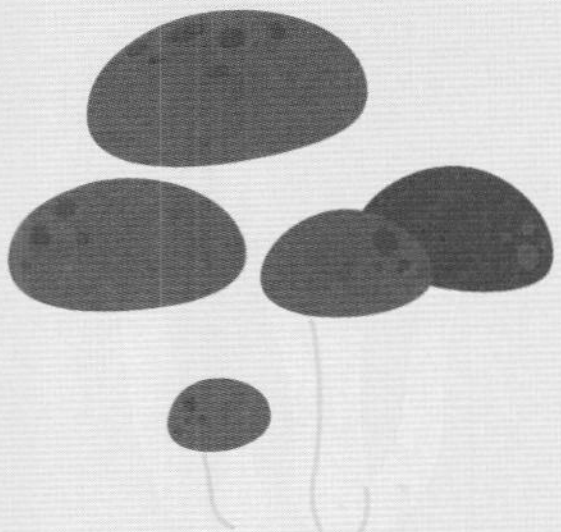

버섯

보석

부채

코브라

비둘기

11일

사

사의 짜임을 익히며 순서에 맞게 따라 써요.

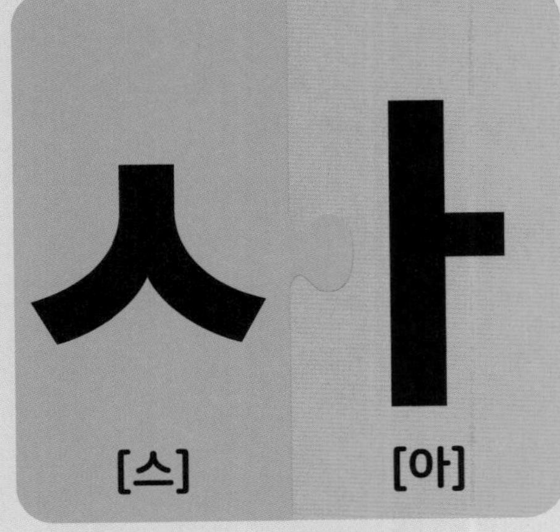
ㅅ
ㅏ
[스]
[아]

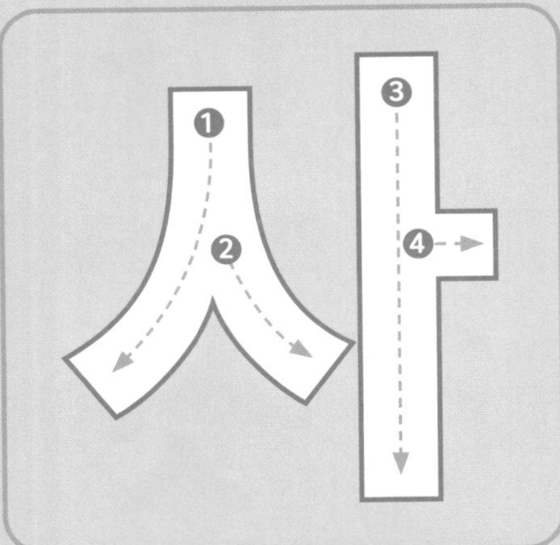

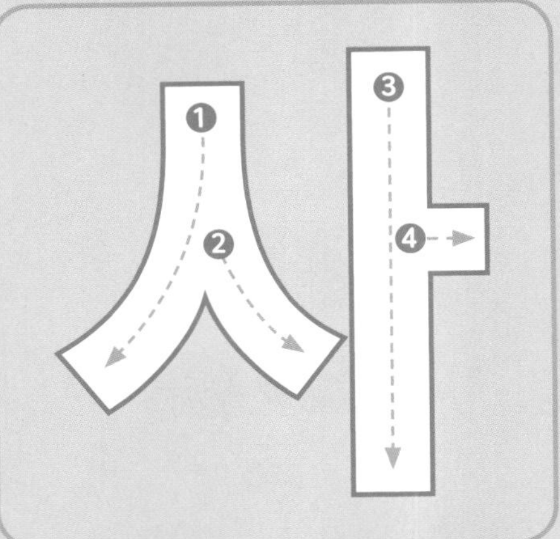

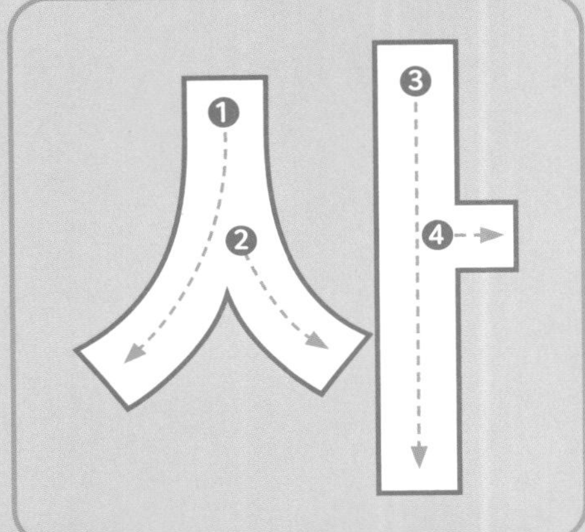

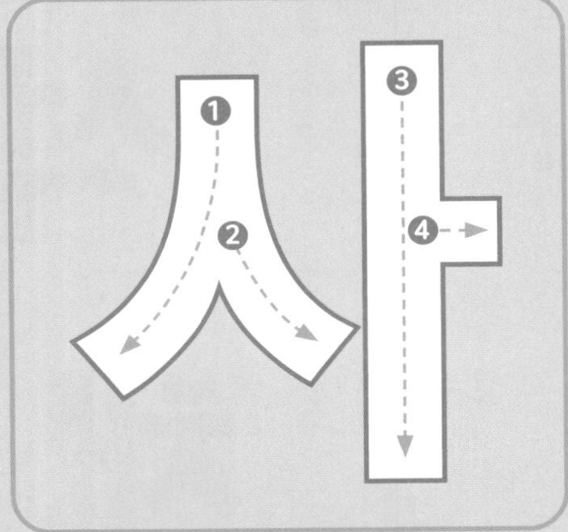

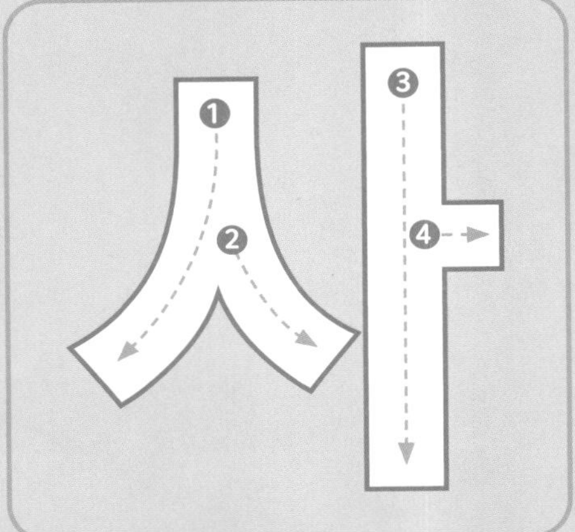

사 말놀이를 하면서 장면을 상상해요.

사

의사 선생님은 사진 찍을 때 "사과!"

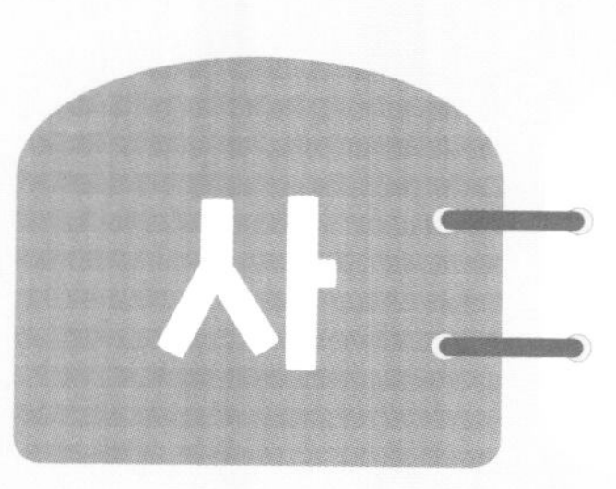
사

낱말을 보고 소리 내어 읽으면서
사를 따라 써요.

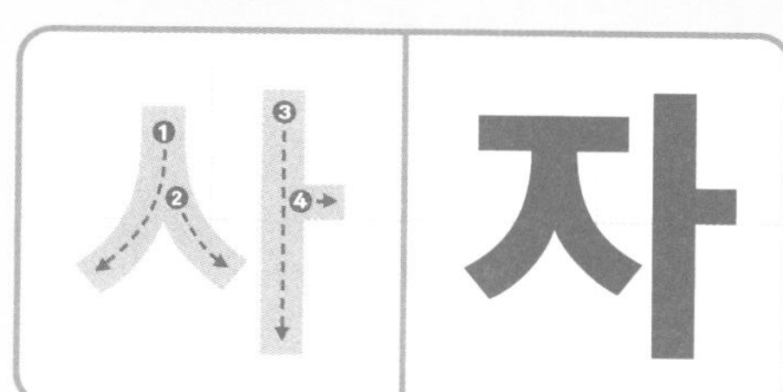
사자

사탕

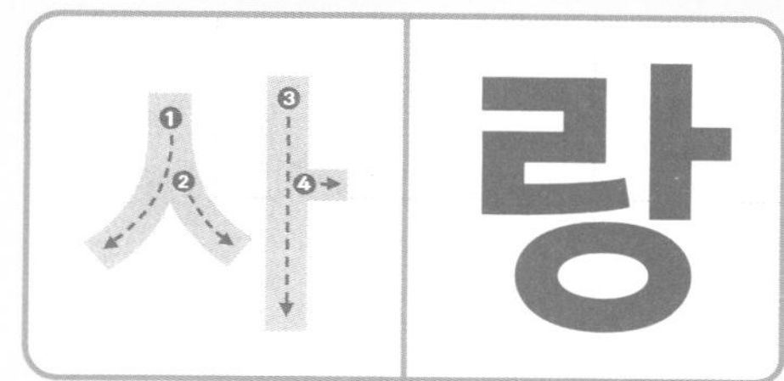
사랑

사슴

사자님,
이 사탕은 사슴이
드리는 사랑이랍니다.
받아 주세요.

사, 서, 소
수, 스, 시

소리 내어 읽고 흐린 글자를 따라 쓰며
'사, 서, 소, 수, 스, 시'를 익혀 보세요.

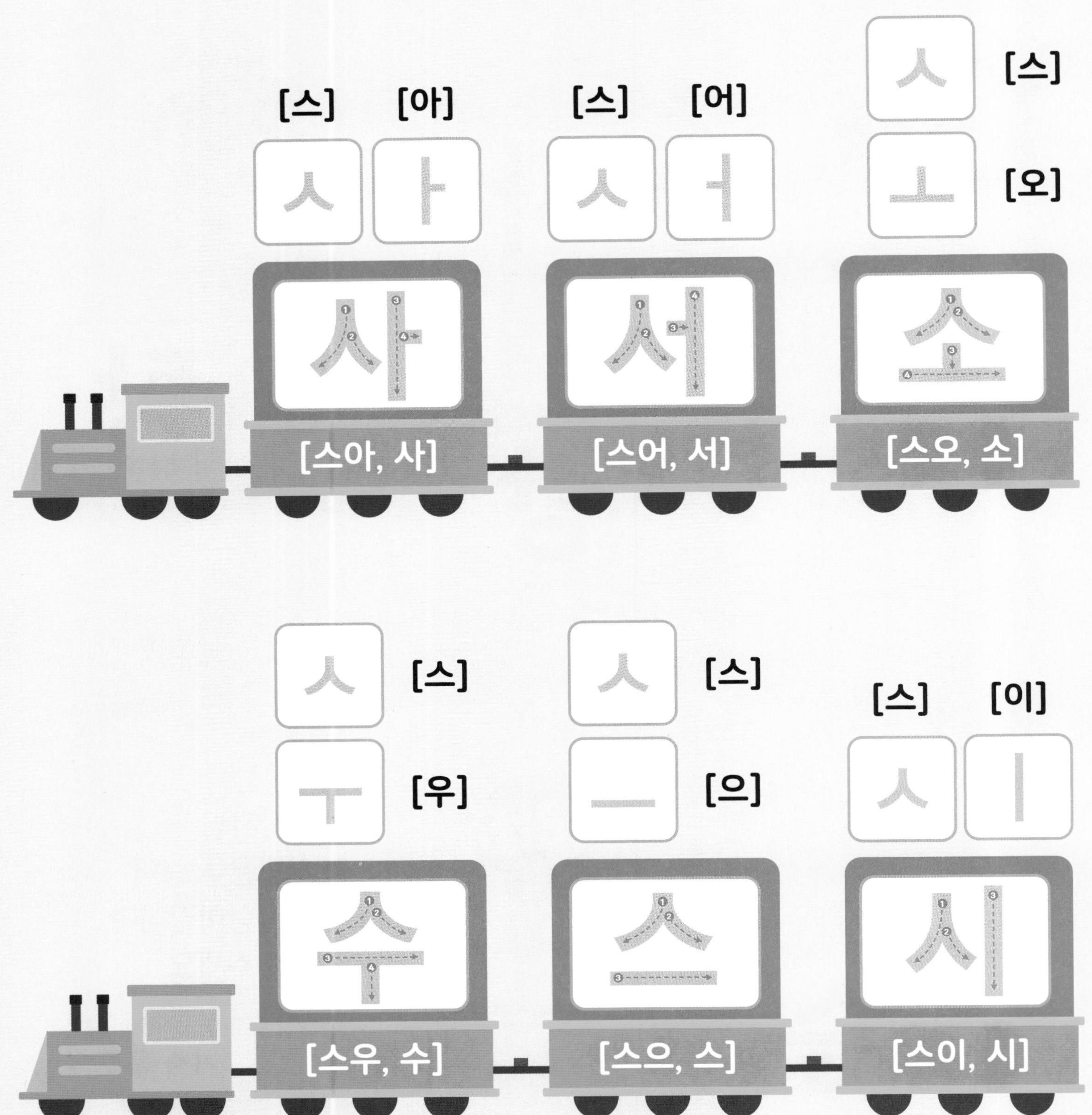

[스] [아]
ㅅ ㅏ
사
[스아, 사]
[스] [어]
ㅅ ㅓ
서
[스어, 서]
[스] [오]
ㅅ ㅗ
소
[스오, 소]
[스] [우]
ㅅ ㅜ
수
[스우, 수]
[스] [으]
ㅅ ㅡ
스
[스으, 스]
[스] [이]
ㅅ ㅣ
시
[스이, 시]

사, 서, 소
수, 스, 시

'사, 서, 소, 수, 스, 시'를 따라 쓰며 낱말을 익혀 보세요.

참 잘했어요!

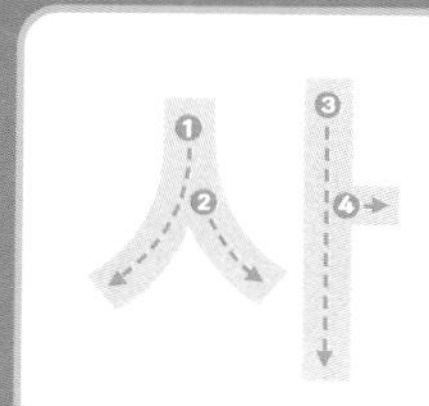

사과

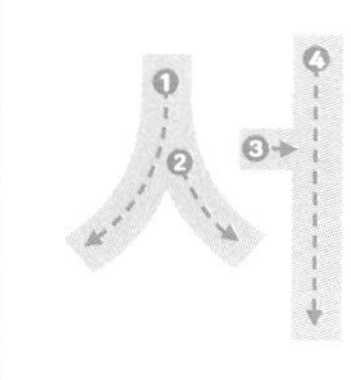

서랍

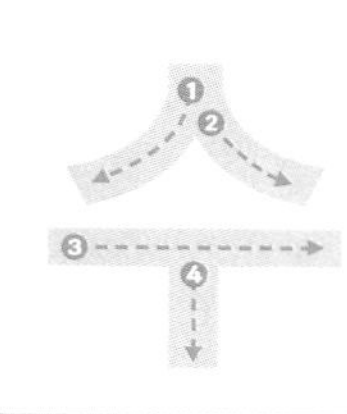

수박

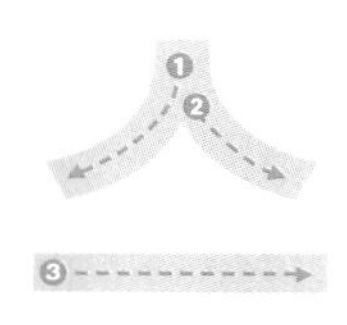

스케치북

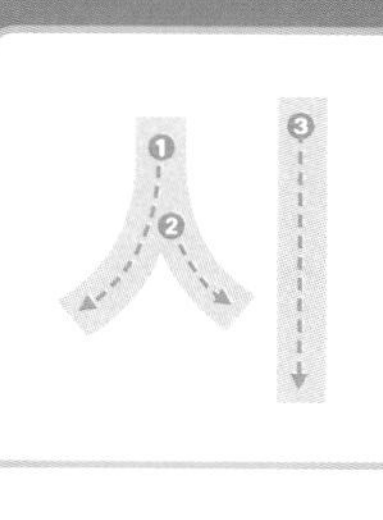
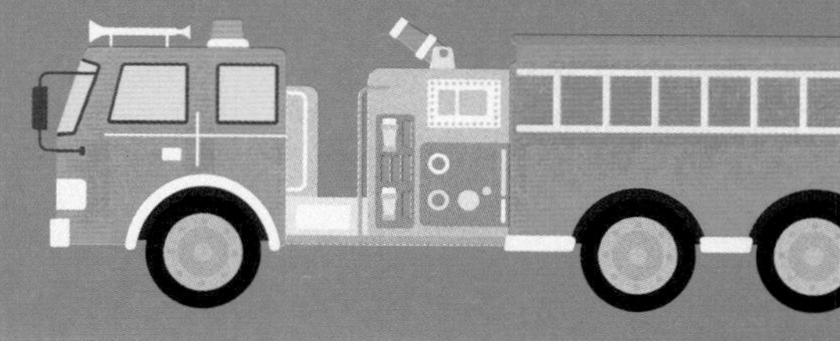

시소

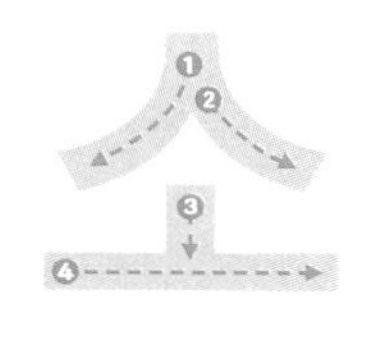

소방차

12일

아

아의 짜임을 익히며 순서에 맞게 따라 써요.

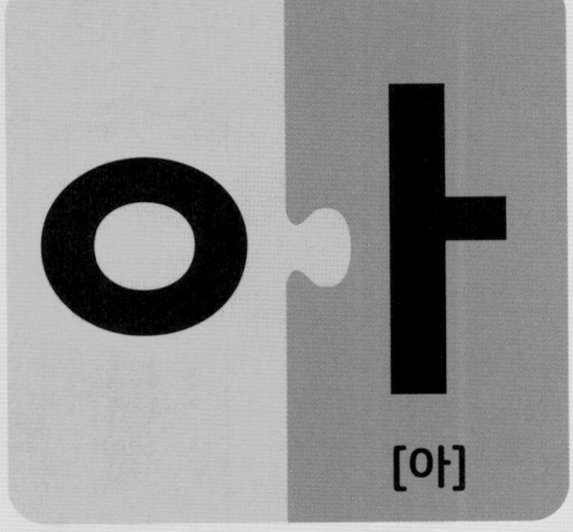

아
[아]

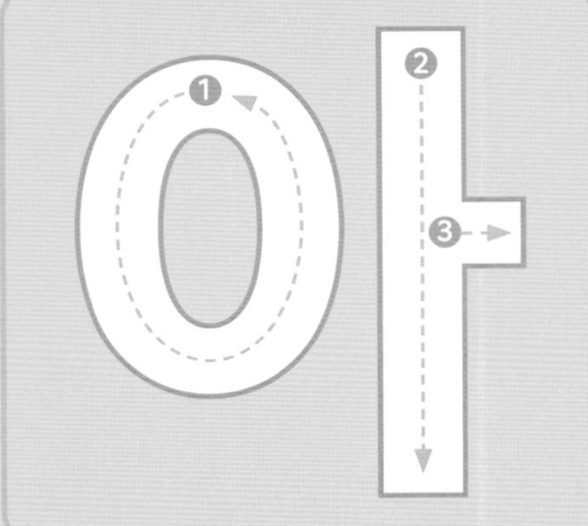

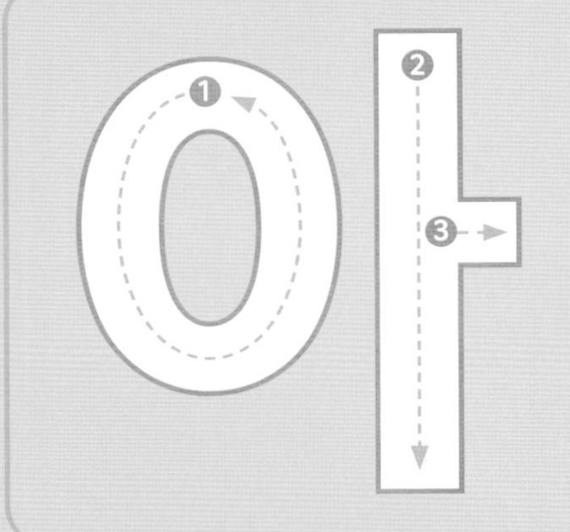

아 말놀이를 하면서 장면을 상상해요.

아빠가 복숭아 아홉 개를 바구니에 담아요.

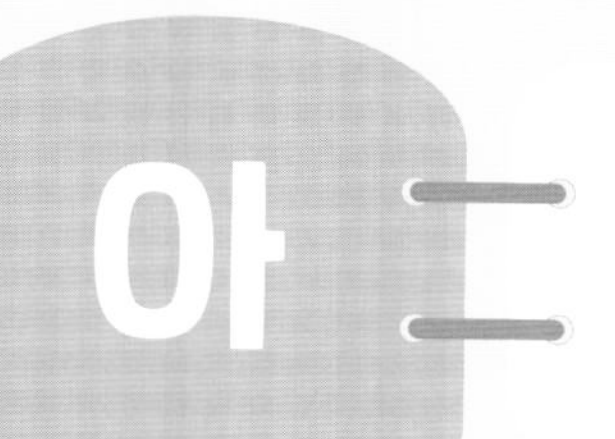
아

낱말을 보고 소리 내어 읽으면서 아를 따라 써요.

병아리

아파트

강아지

아기

병아리 아파트에
어서 오세요.
아기도 강아지도
환영합니다.

아, 어, 오
우, 으, 이

소리 내어 읽고 흐린 글자를 따라 쓰며
'아, 어, 오, 우, 으, 이'를 익혀 보세요.

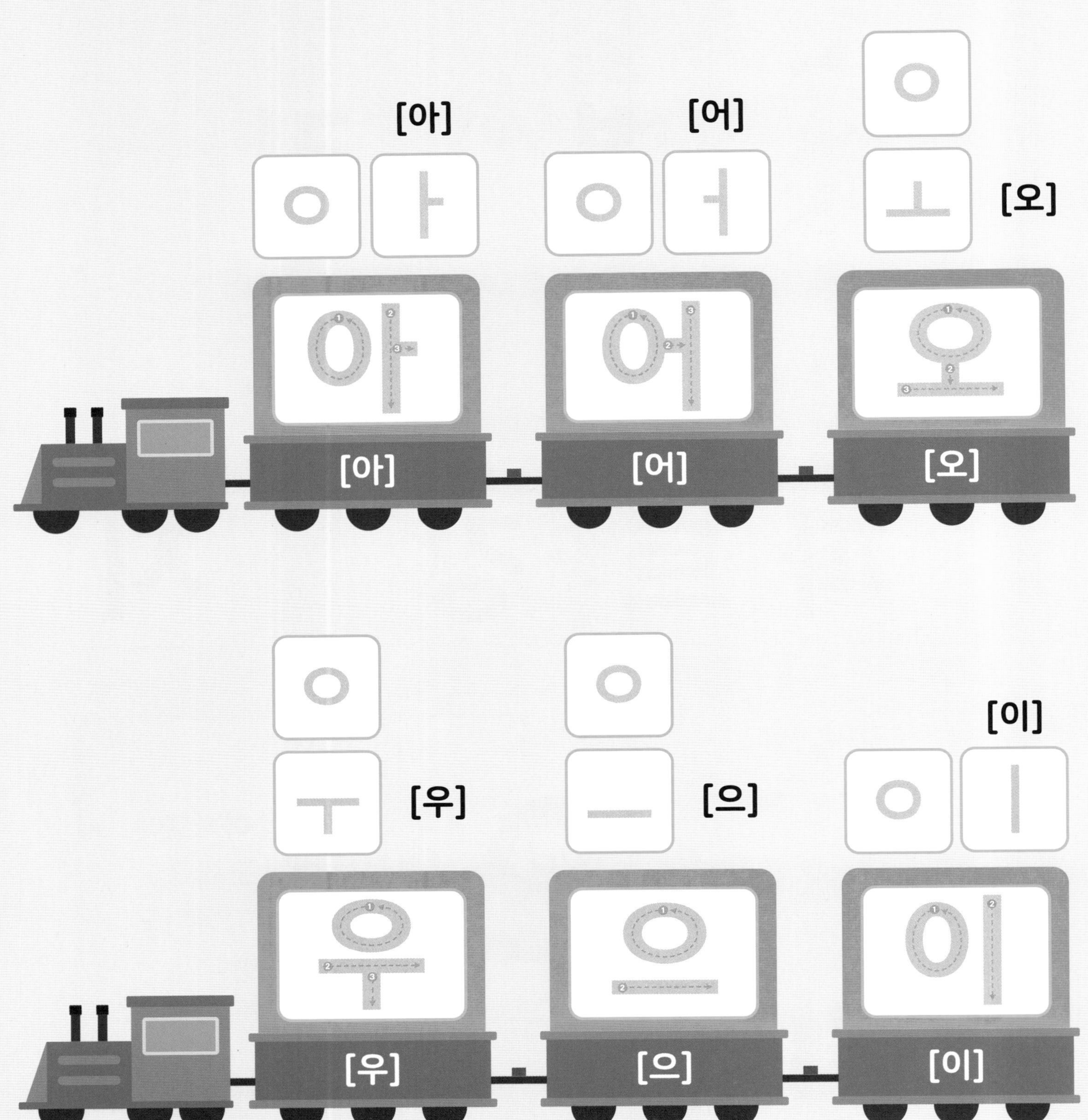
[아]
ㅇ ㅏ
아
[아]
[어]
ㅇ ㅓ
어
[어]
ㅇ
ㅗ
[오]
오
[오]
ㅇ
ㅜ
[우]
우
[우]
ㅇ
ㅡ
[으]
으
[으]
[이]
ㅇ ㅣ
이
[이]

아, 어, 오
우, 으, 이

'아, 어, 오, 우, 으, 이'를 따라 쓰며 낱말을 익혀 보세요.

대단해요!

오
징
어 항
아 빠

우 동
으 뜸

케 이 크

13일

자

자의 짜임을 익히며 순서에 맞게 따라 써요.

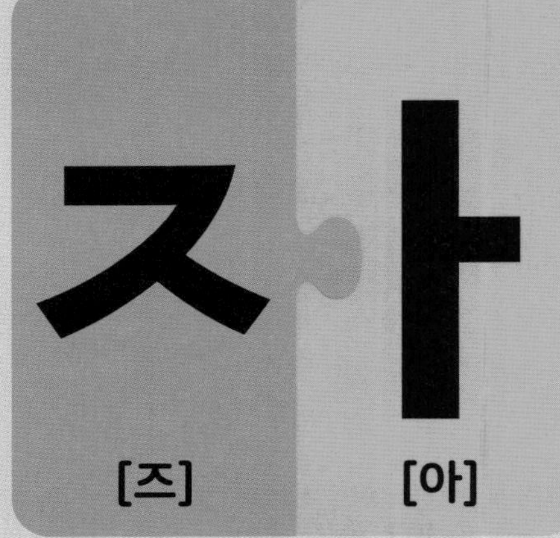
ㅈ
ㅏ
[즈]
[아]

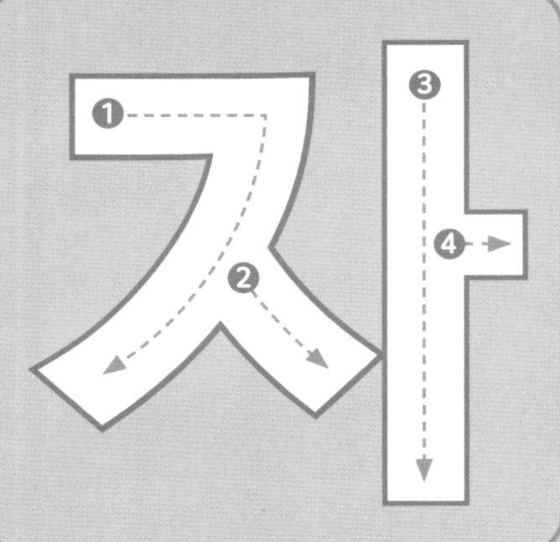
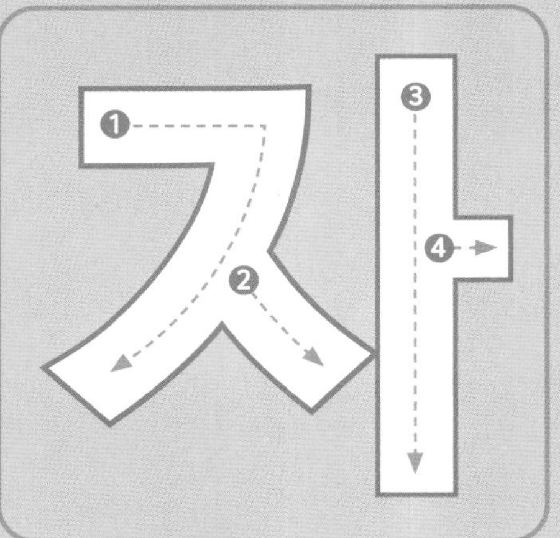
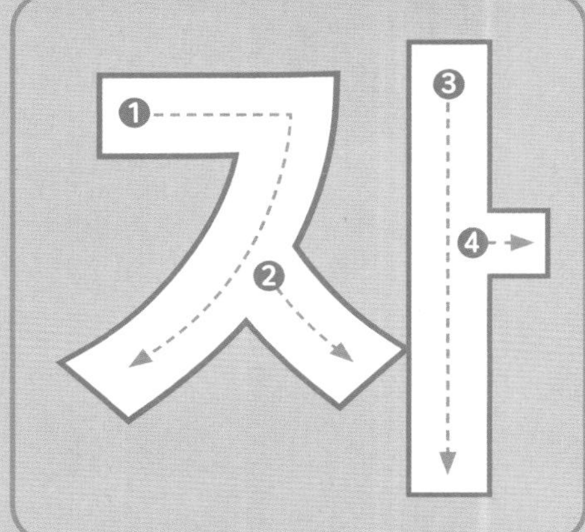
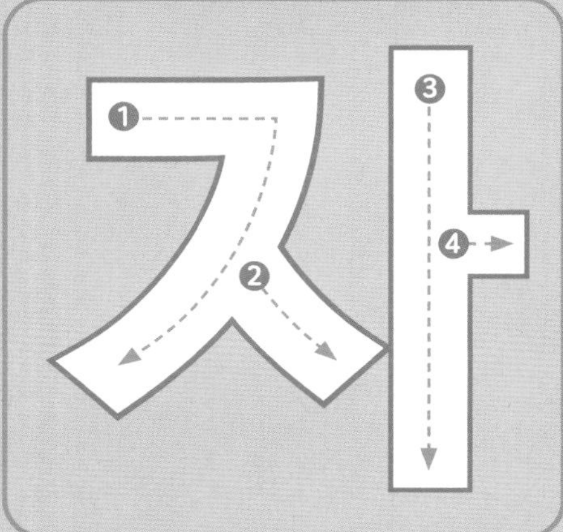
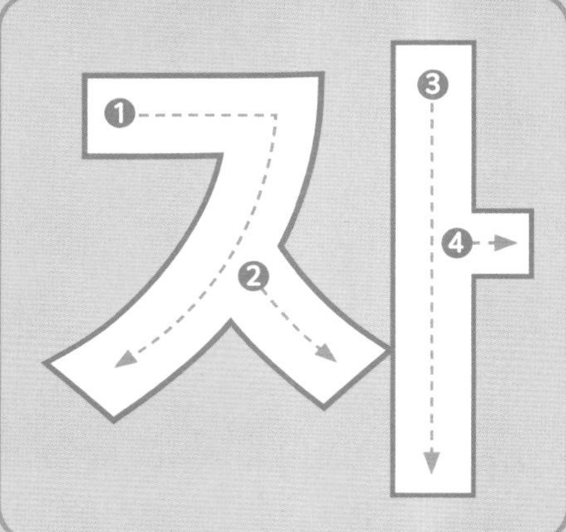

자 말놀이를 하면서 장면을 상상해요.

자

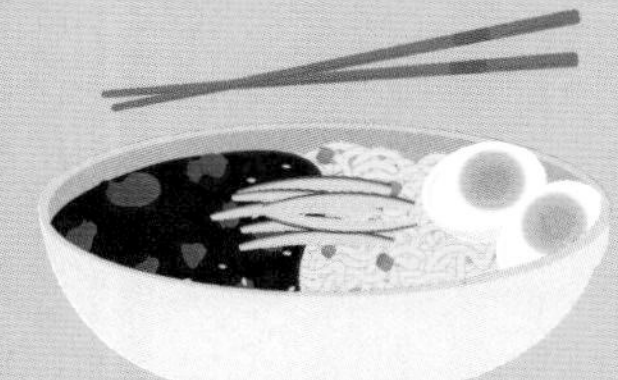

도자기 그릇에 자장면을 담아 먹자. 자두는 후식!

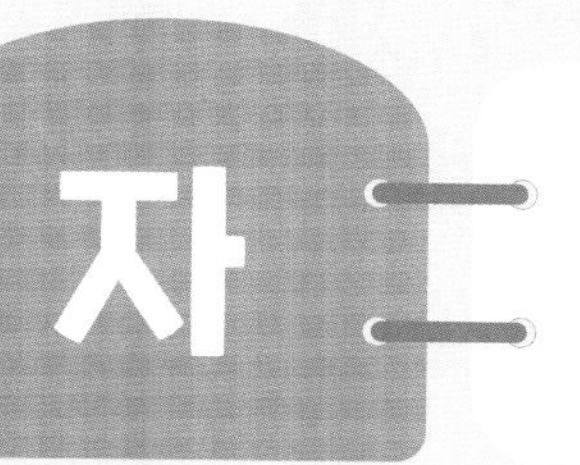
자

낱말을 보고 소리 내어 읽으면서
자를 따라 써요.

자라
자전거
의자

N
S
자석

자라는 궁금해요.
자석이 자전거에
붙을까?
의자에 붙을까?

자, 저, 조
주, 즈, 지

소리 내어 읽고 흐린 글자를 따라 쓰며
'자, 저, 조, 주, 즈, 지'를 익혀 보세요.

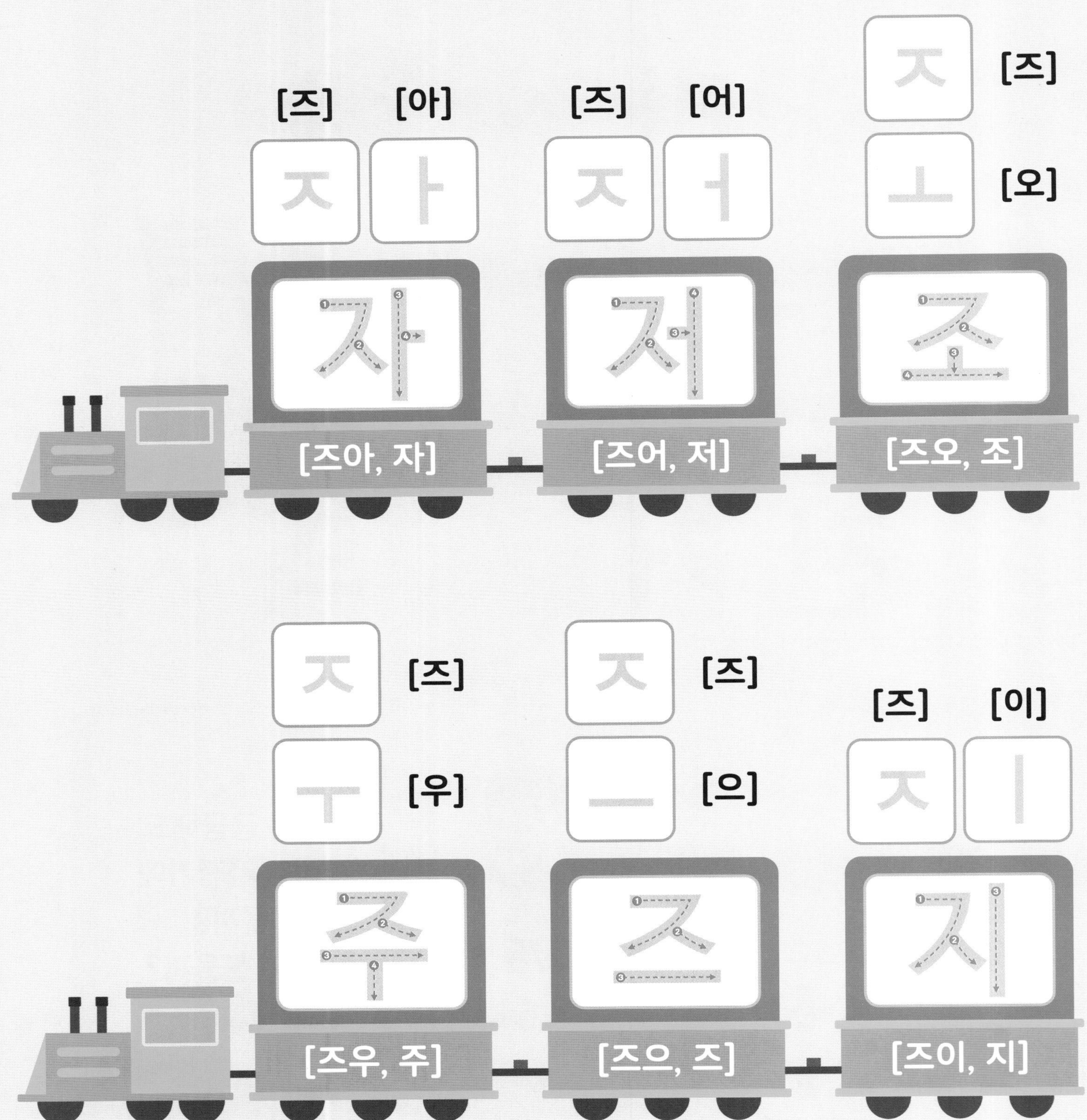

[즈] [아]
ㅈ ㅏ
자
[즈아, 자]
[즈] [어]
ㅈ ㅓ
저
[즈어, 저]
ㅈ [즈]
ㅗ [오]
조
[즈오, 조]
ㅈ [즈]
ㅜ [우]
주
[즈우, 주]
ㅈ [즈]
ㅡ [으]
즈
[즈으, 즈]
[즈] [이]
ㅈ ㅣ
지
[즈이, 지]

자, 저, 조
주, 즈, 지

'자, 저, 조, 주, 즈, 지'를 따라 쓰며 낱말을 익혀 보세요.

최고예요!

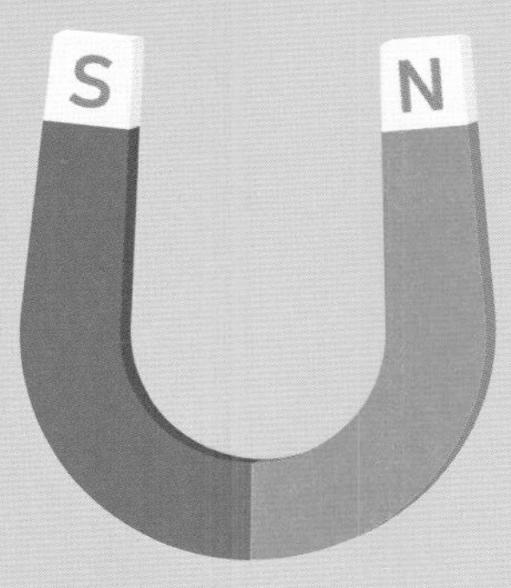
S
N

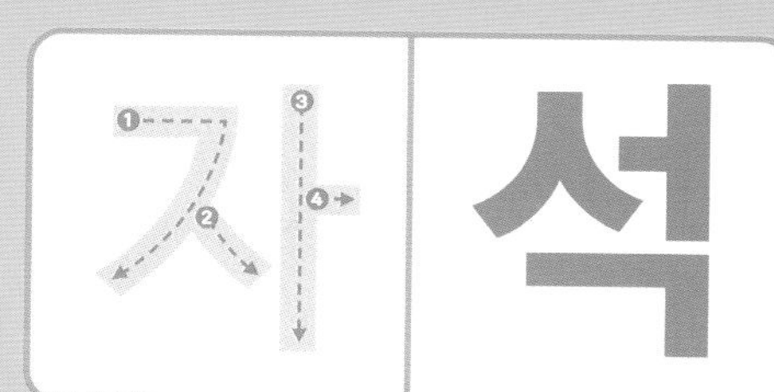
자석

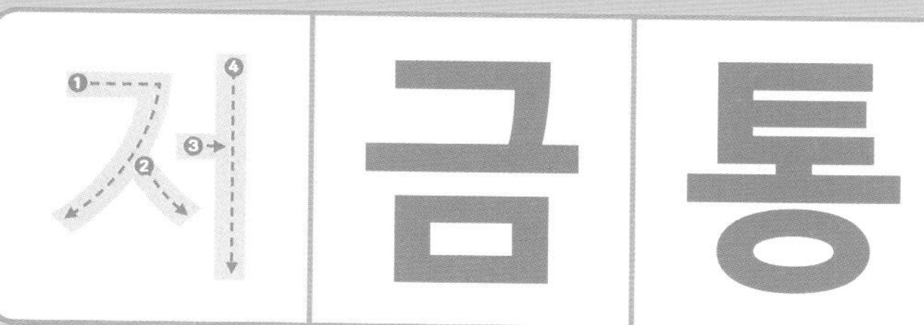
저금통

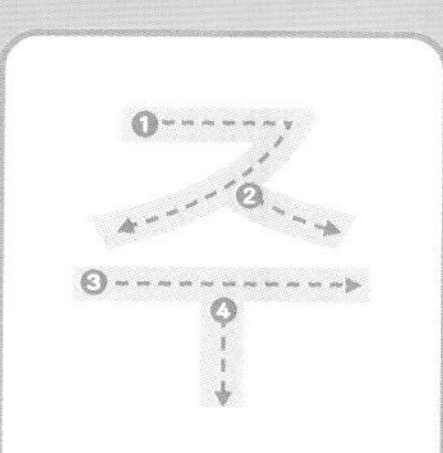

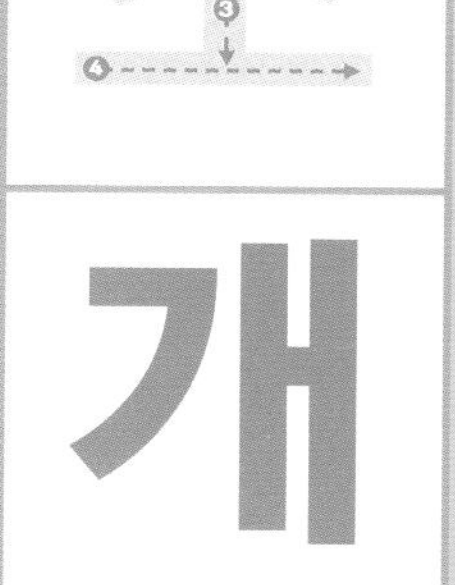

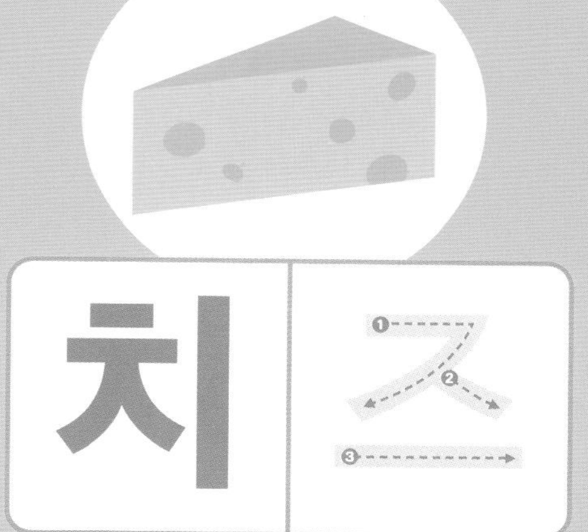
치즈

주사기

조개

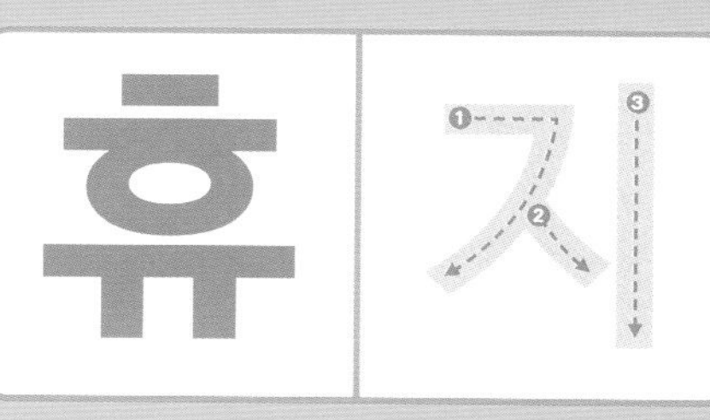
휴지

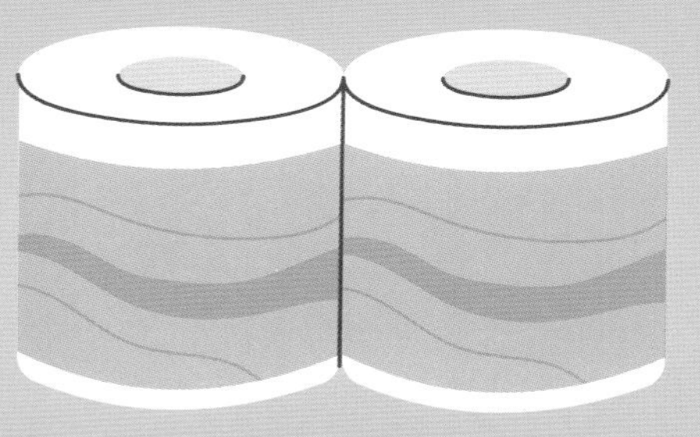

14
일

차

차의 짜임을 익히며 순서에 맞게 따라 써요.

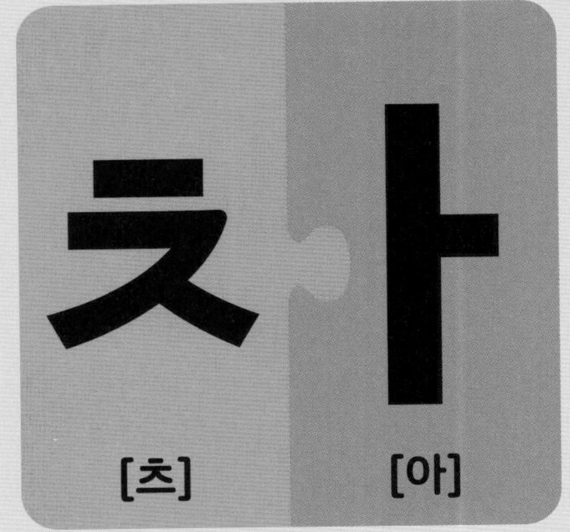

ㅊ
ㅏ
[츠]
[아]

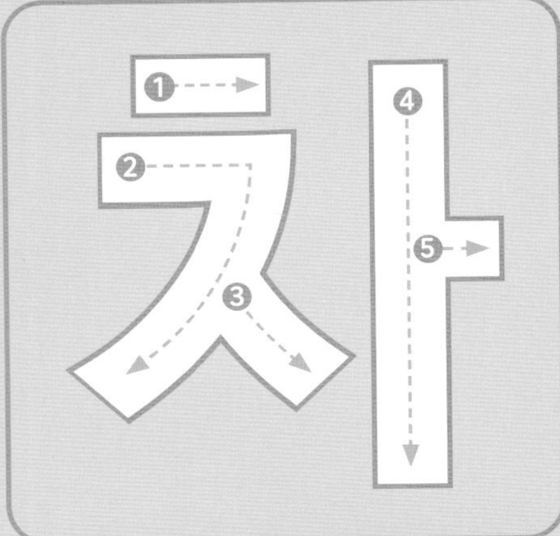

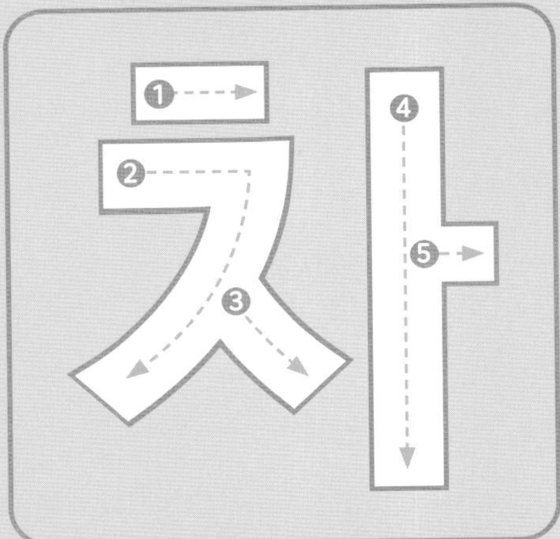

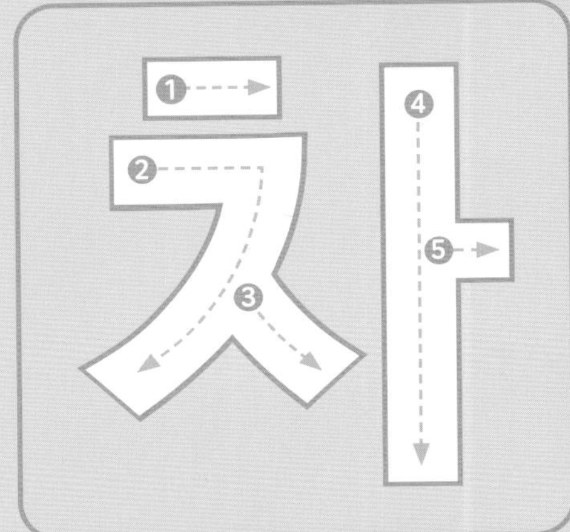

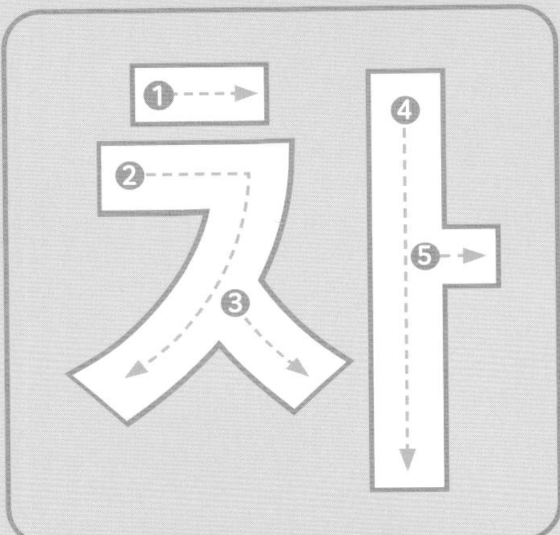

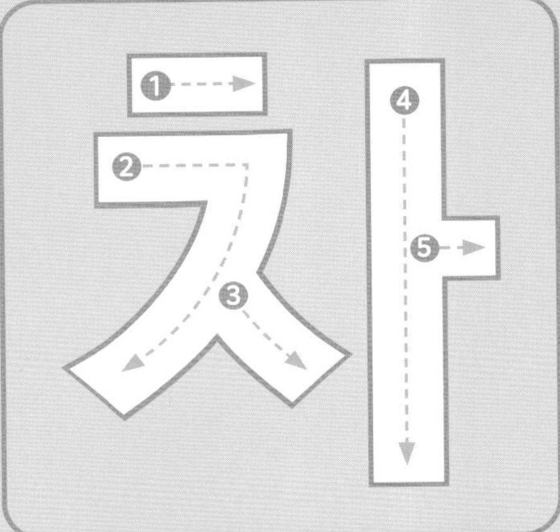

차 말놀이를 하면서 장면을 상상해요.

차

녹차, 자동차, 유아차 중에서 마시는 차는?

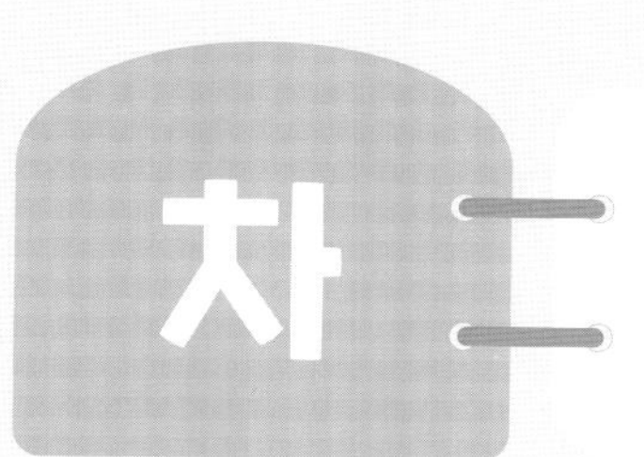
차

낱말을 보고 소리 내어 읽으면서
차를 따라 써요.

POLICE
경찰차
구급차

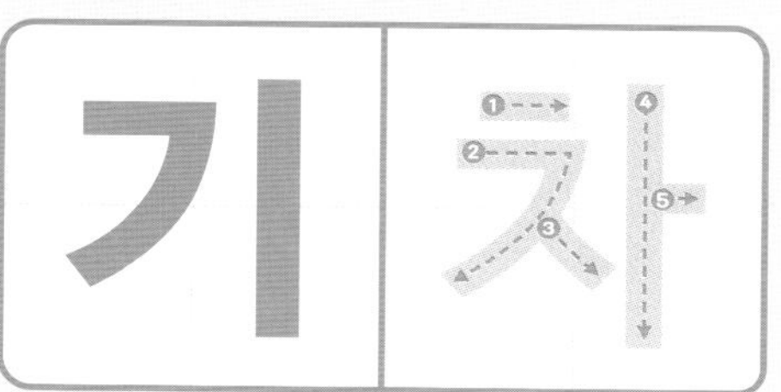
기차

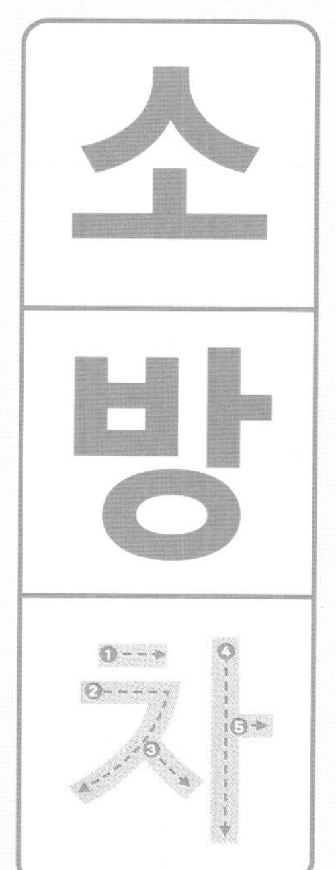
소방차

어떤 장난감을
드릴까요?
기차, 경찰차, 구급차,
소방차, 다 있어요.

차, 처, 초
추, 츠, 치

소리 내어 읽고 흐린 글자를 따라 쓰며
'차, 처, 초, 추, 츠, 치'를 익혀 보세요.

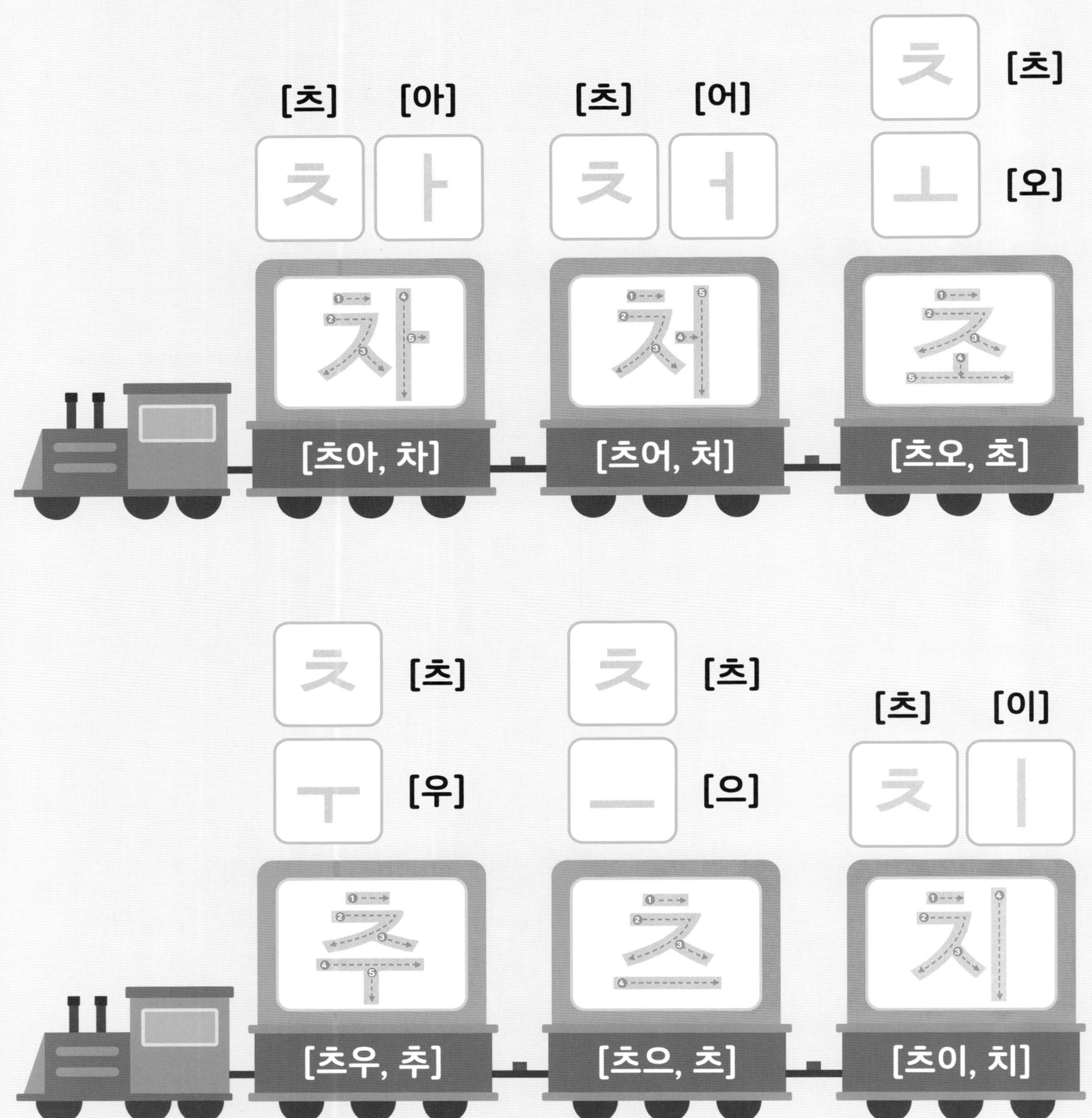

[츠] [아]
ㅊ ㅏ
차
[츠아, 차]
[츠] [어]
ㅊ ㅓ
처
[츠어, 처]
ㅊ [츠]
ㅗ [오]
초
[츠오, 초]
ㅊ [츠]
ㅜ [우]
추
[츠우, 추]
ㅊ [츠]
ㅡ [으]
츠
[츠으, 츠]
[츠] [이]
ㅊ ㅣ
치
[츠이, 치]

차, 처, 초
추, 츠, 치

'차, 처, 초, 추, 츠, 치'를 따라 쓰며
낱말을 익혀 보세요.

박수, 박수!

자동차

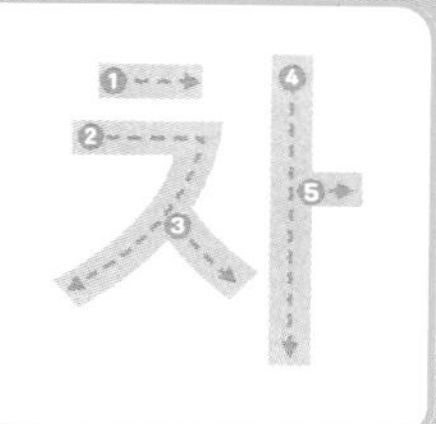

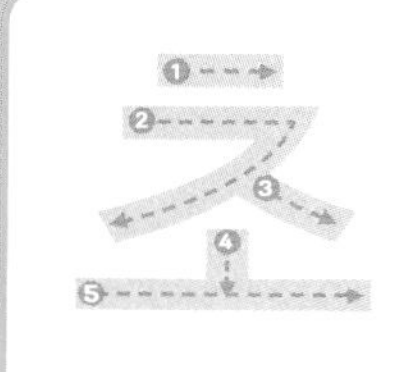

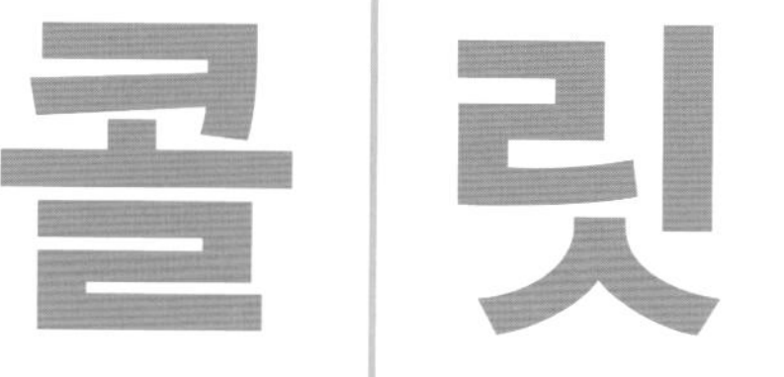

상처

초콜릿

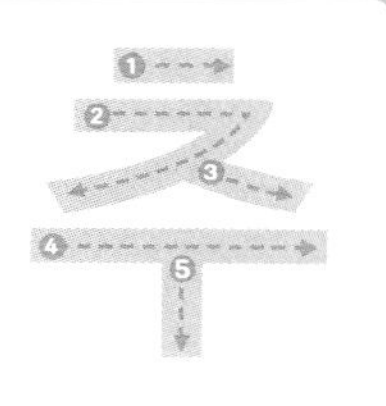

단추

티셔츠

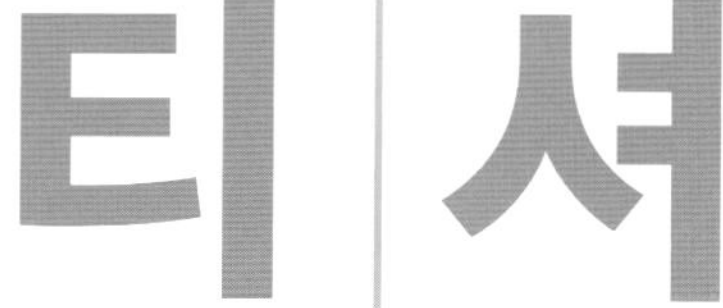

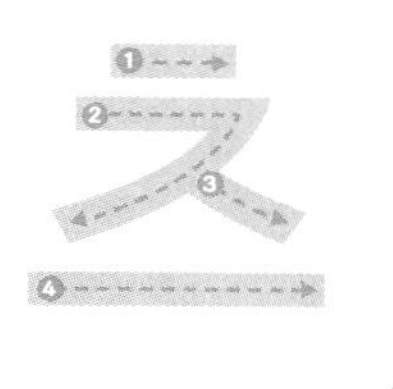

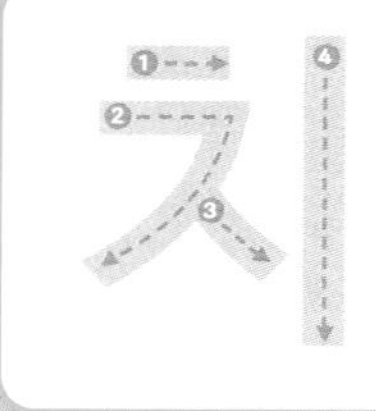

치마

15일

카

카의 짜임을 익히며 순서에 맞게 따라 써요.

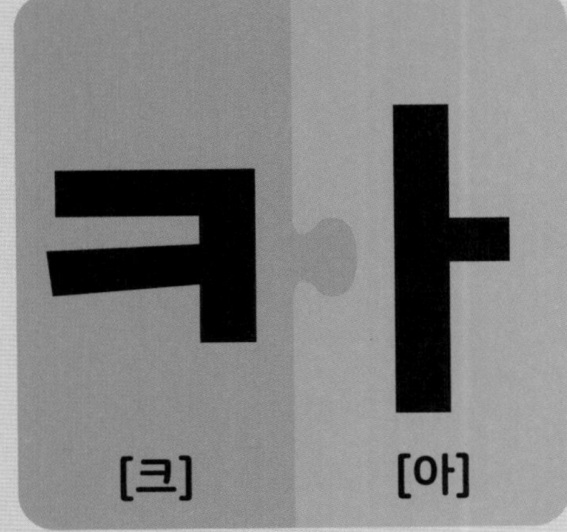
카
[크]
[아]

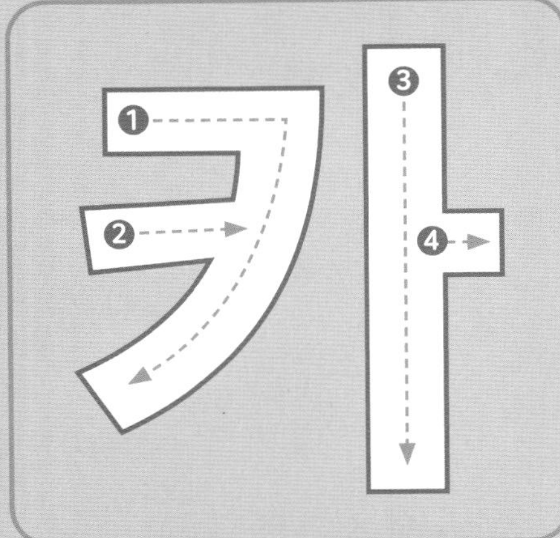

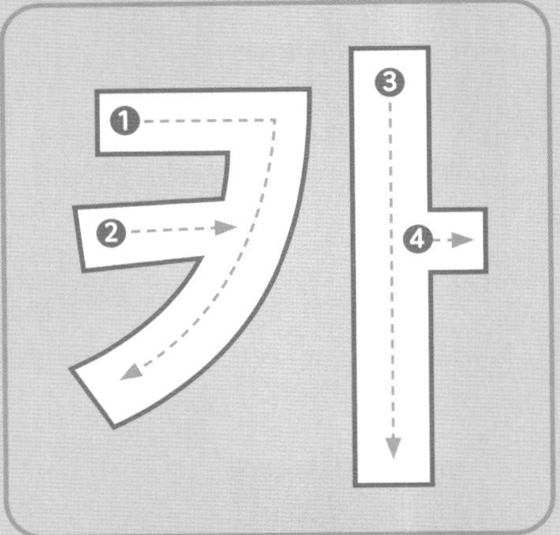

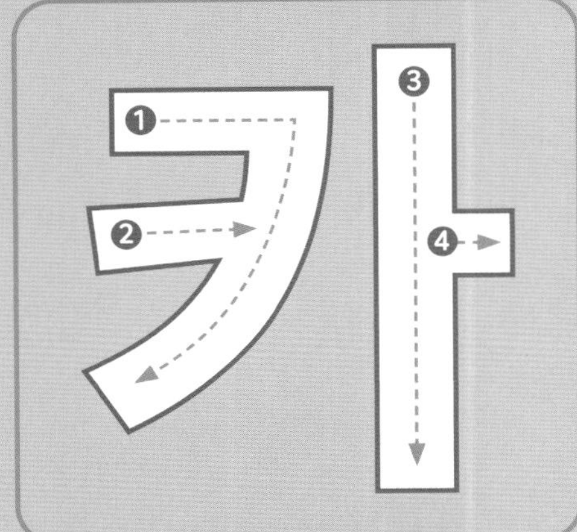

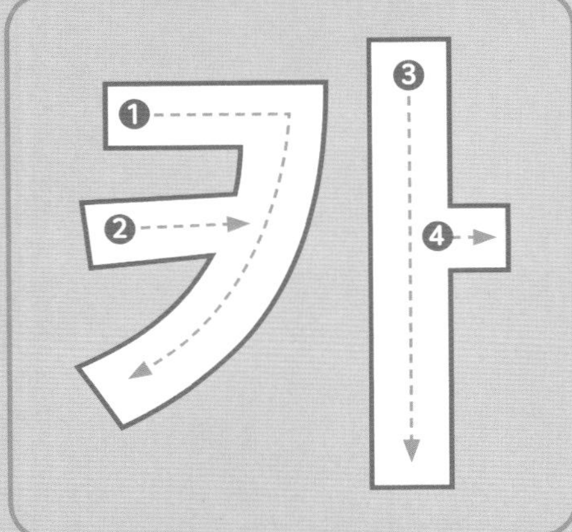

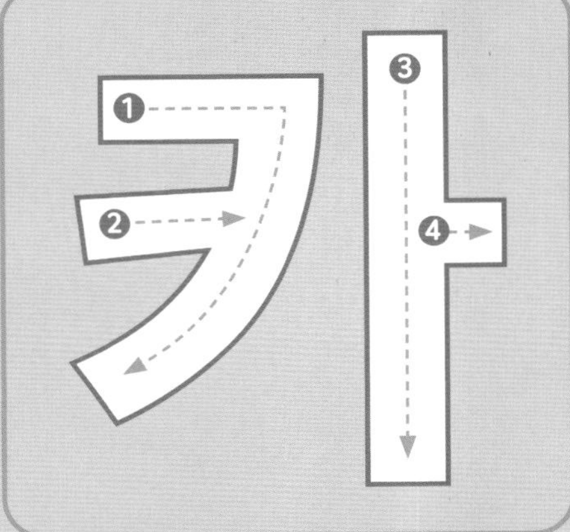

카 말놀이를 하면서 장면을 상상해요.

카

카우보이가 카레를 먹고 후식은 카라멜!

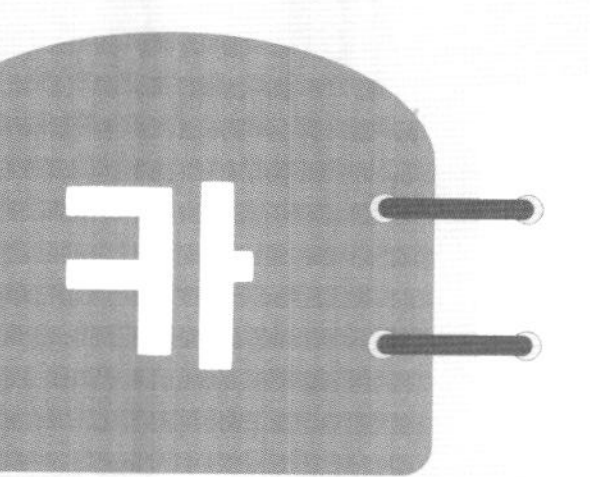
카

낱말을 보고 소리 내어 읽으면서
카를 따라 써요.

카드

카메라

카네이션

카멜레온

카멜레온이 카드와
카네이션을 받고
카메라 앞에서
치~즈!

카, 커, 코
쿠, 크, 키

소리 내어 읽고 흐린 글자를 따라 쓰며
'카, 커, 코, 쿠, 크, 키'를 익혀 보세요.

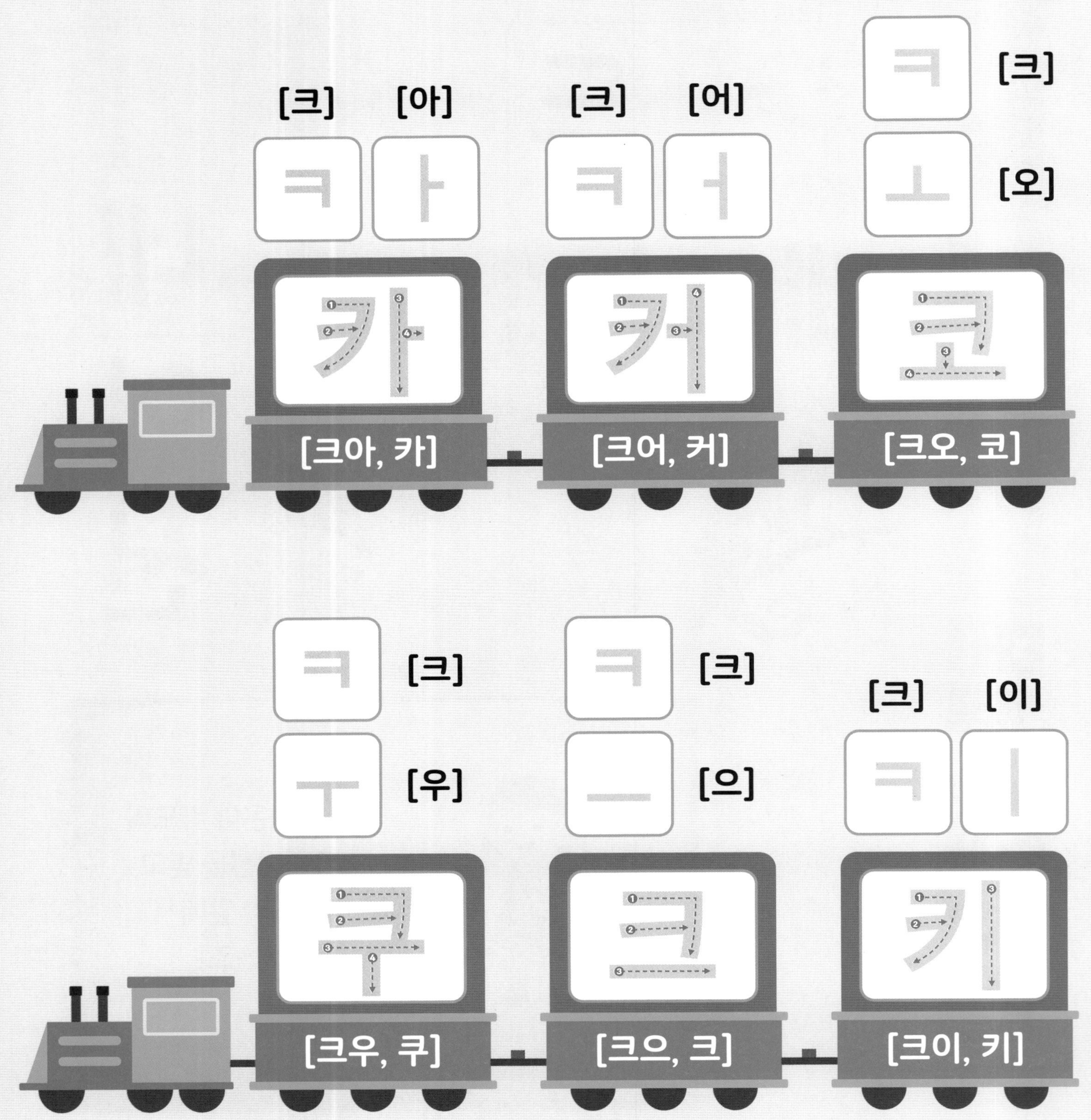

[크] [아]
ㅋ ㅏ
카
[크아, 카]
[크] [어]
ㅋ ㅓ
커
[크어, 커]
ㅋ [크]
ㅗ [오]
코
[크오, 코]
ㅋ [크]
ㅜ [우]
쿠
[크우, 쿠]
ㅋ [크]
ㅡ [으]
크
[크으, 크]
[크] [이]
ㅋ ㅣ
키
[크이, 키]

카, 커, 코
쿠, 크, 키

'카, 커, 코, 쿠, 크, 키'를 따라 쓰며 낱말을 익혀 보세요.

멋져, 멋져!

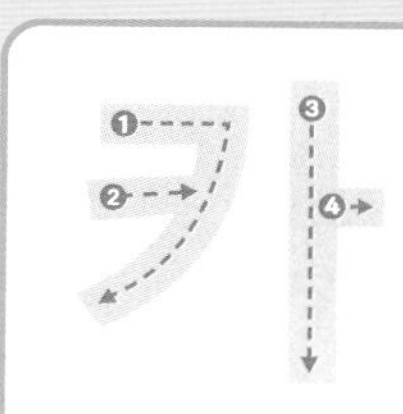
카 레

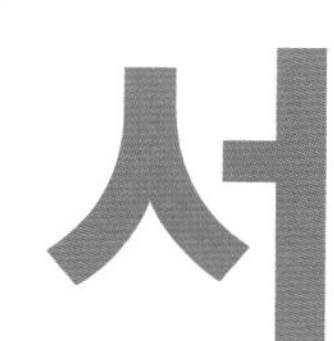

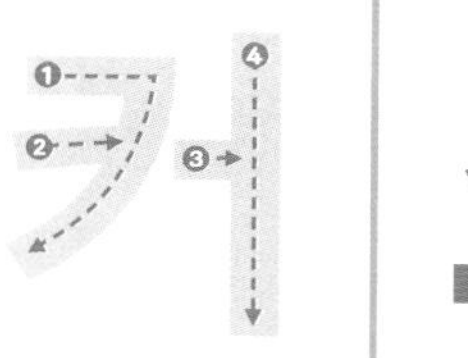
서 커  스

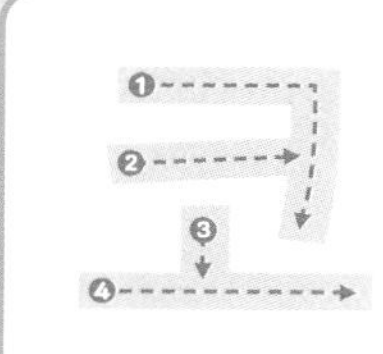
코 끼 리

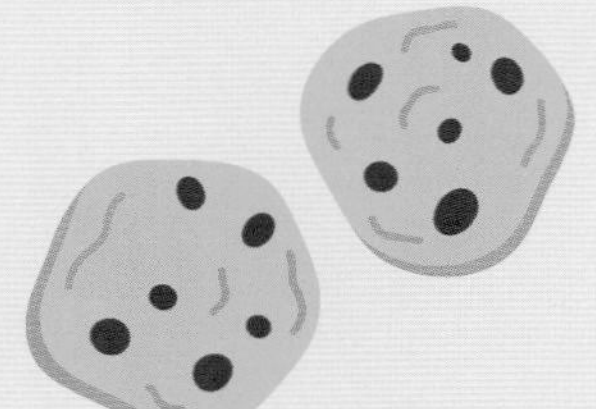

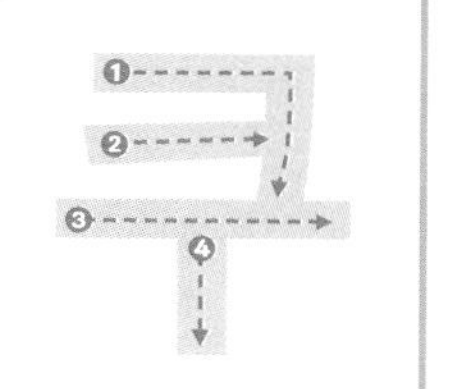 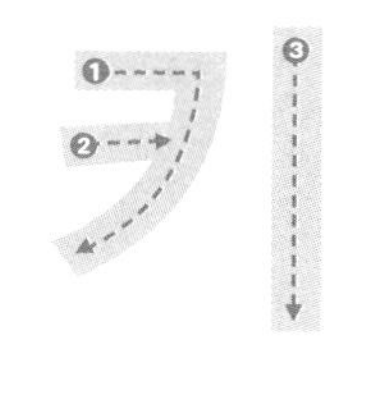
쿠 키
위

마 이 크

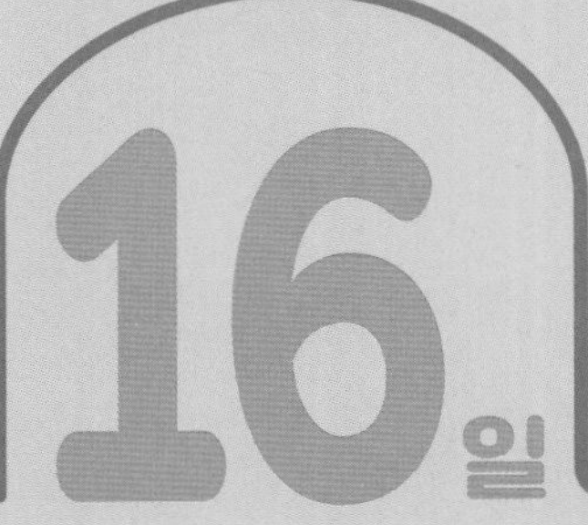
16일

타

타의 짜임을 익히며 순서에 맞게 따라 써요.

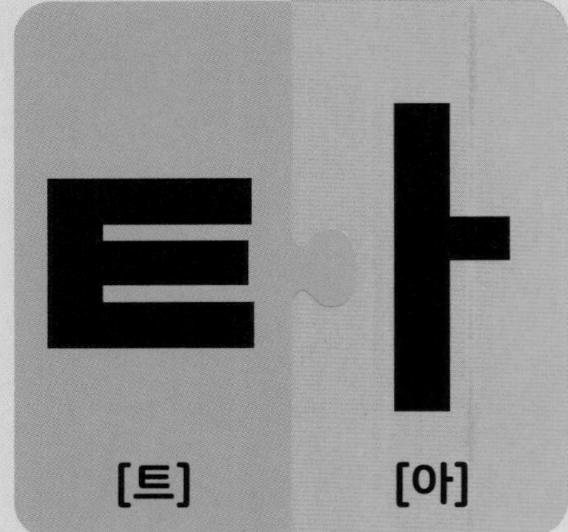
타
[트]
[아]

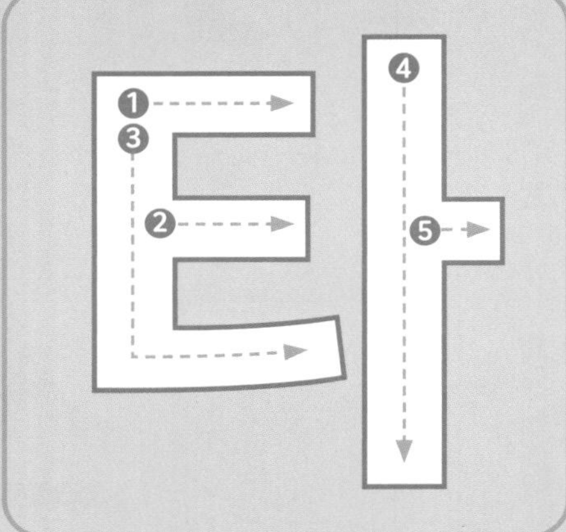
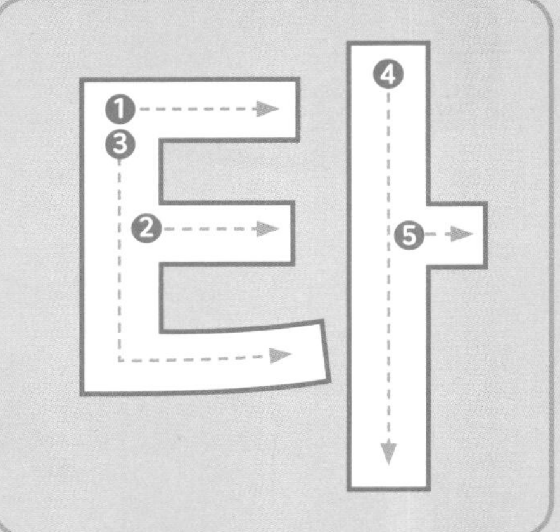
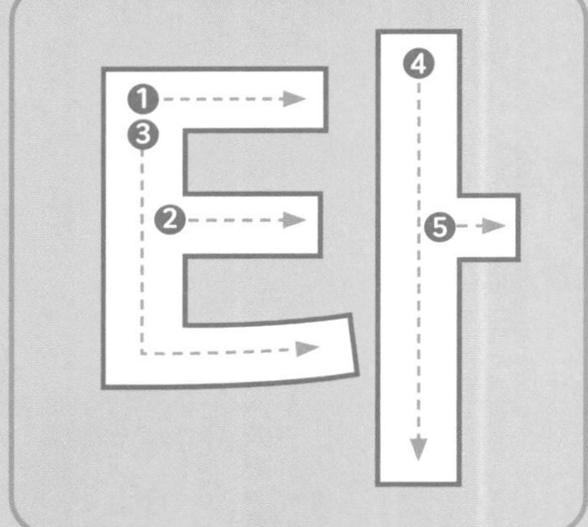
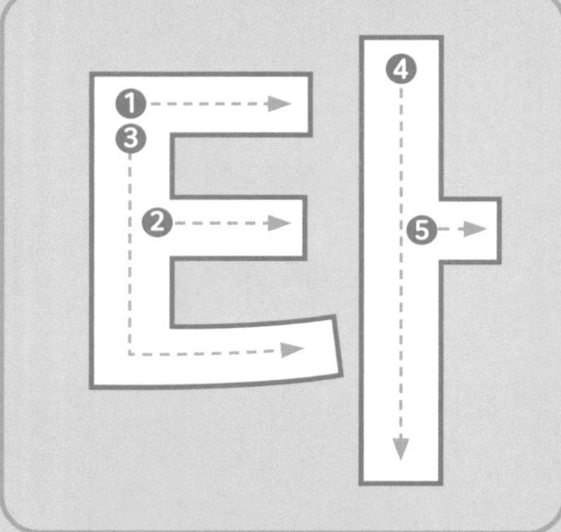
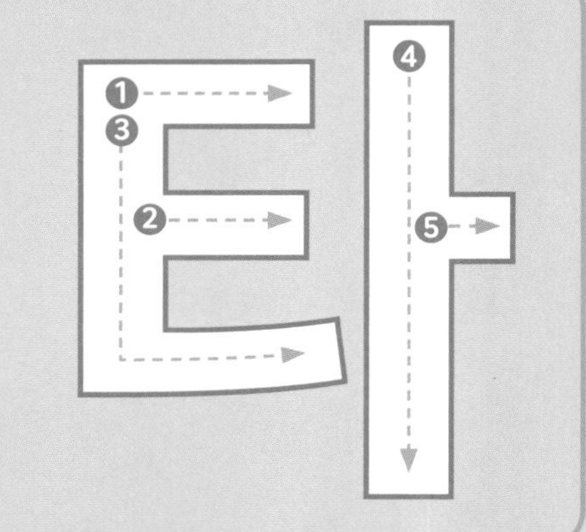

타 말놀이를 하면서 장면을 상상해요.

타

낙타와 치타의 기타 연주회!

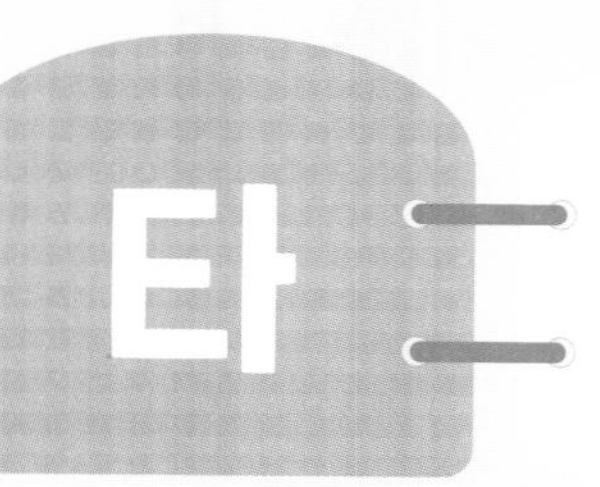

낱말을 보고 소리 내어 읽으면서
타를 따라 써요.

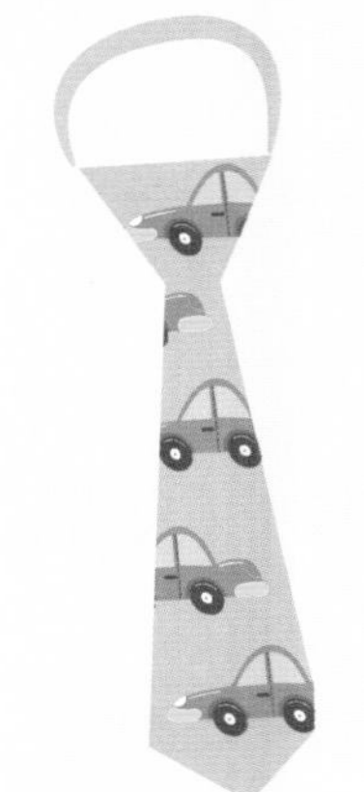

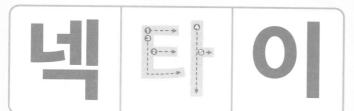

넥타이

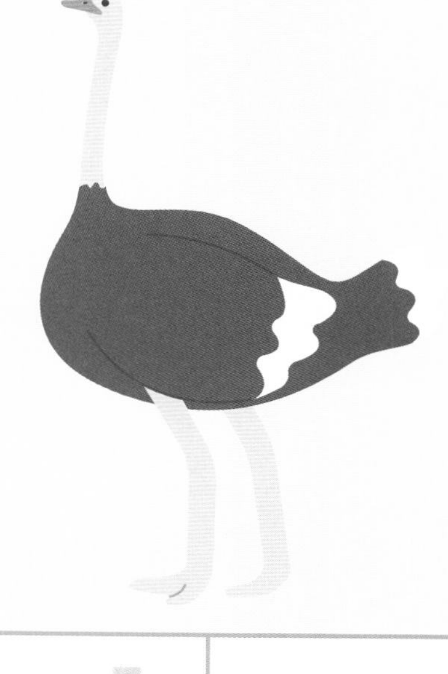

타이어

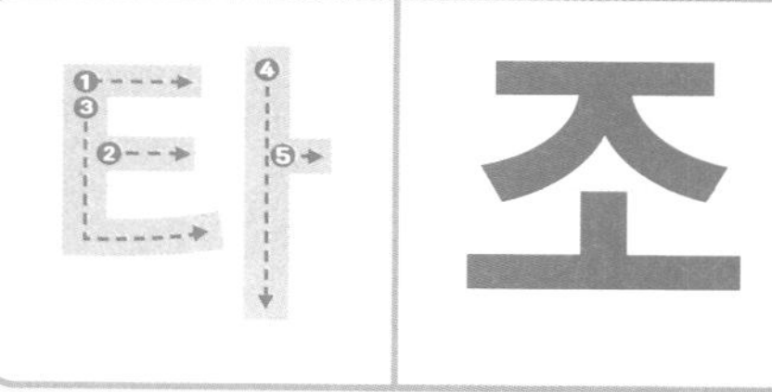

타조

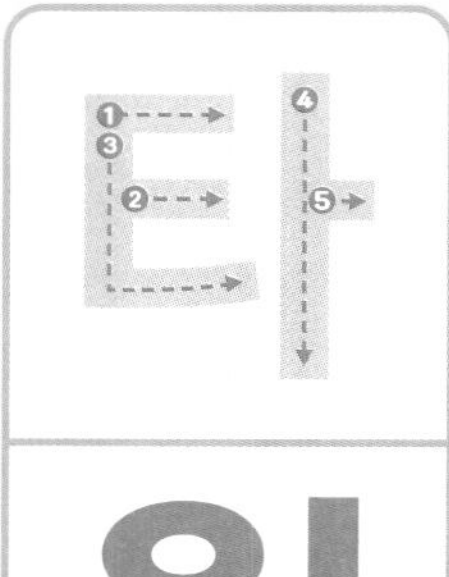

타월

넥타이 맨 타조가
타이어를 바꾸느라
땀이 뻘뻘.
타월로 닦아 줄까?

타, 터, 토
투, 트, 티

소리 내어 읽고 흐린 글자를 따라 쓰며
'타, 터, 토, 투, 트, 티'를 익혀 보세요.

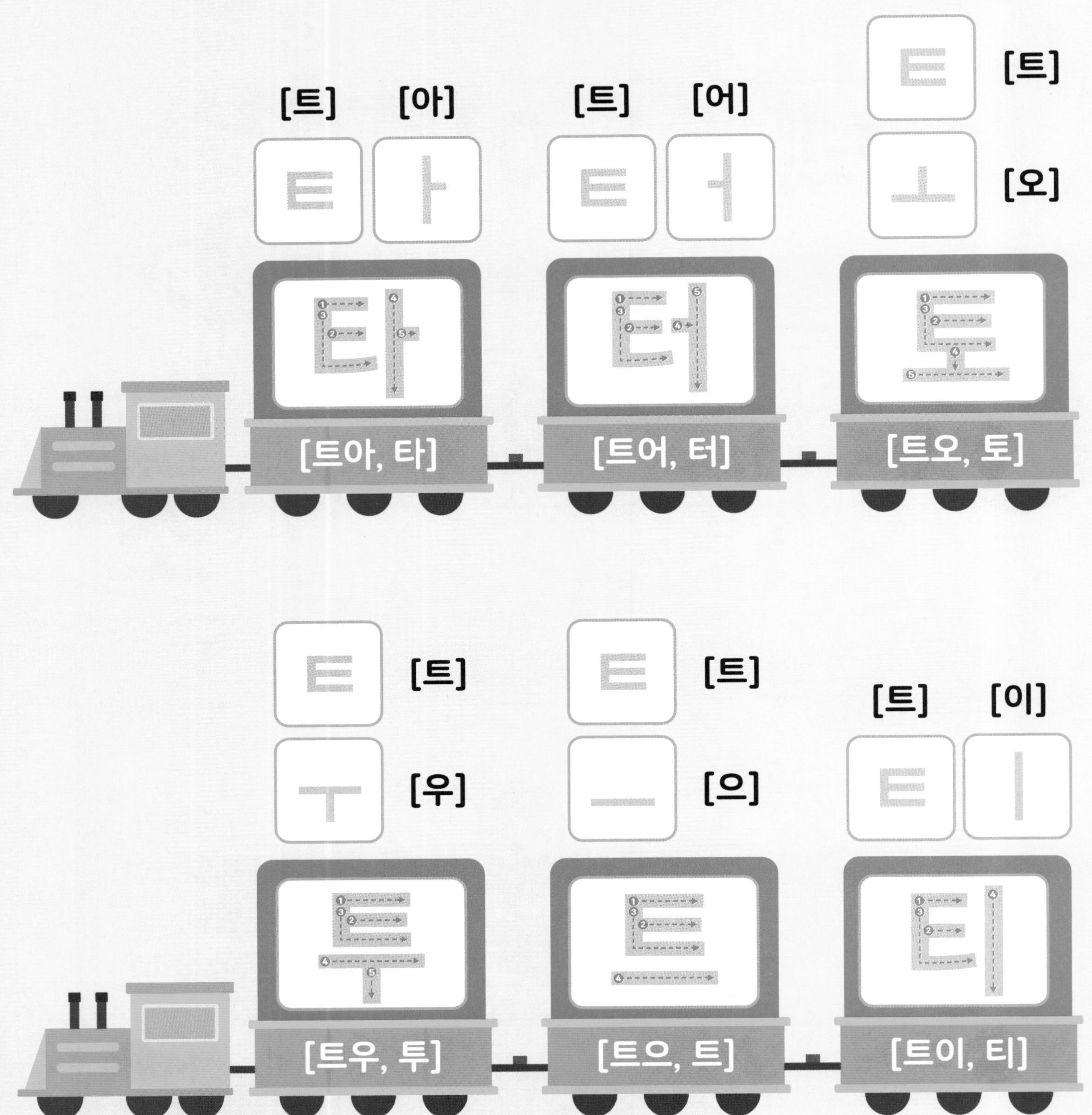

[트] [아]
ㅌ ㅏ
타
[트아, 타]
[트] [어]
ㅌ ㅓ
터
[트어, 터]
ㅌ [트]
ㅗ [오]
토
[트오, 토]
ㅌ [트]
ㅜ [우]
투
[트우, 투]
ㅌ [트]
ㅡ [으]
트
[트으, 트]
[트] [이]
ㅌ ㅣ
티
[트이, 티]

타, 터, 토
투, 트, 티

'타, 터, 토, 투, 트, 티'를 따라 쓰며 낱말을 익혀 보세요.

참 잘했어요!

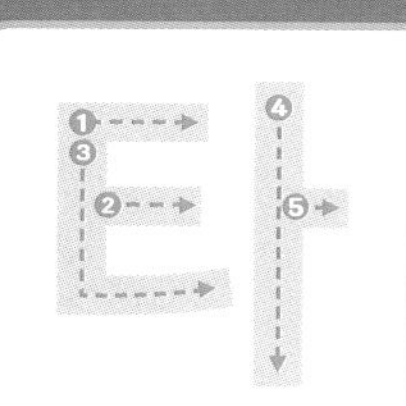

타 이 어

놀 이 터

트 럭

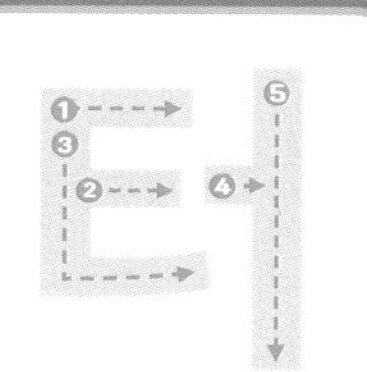
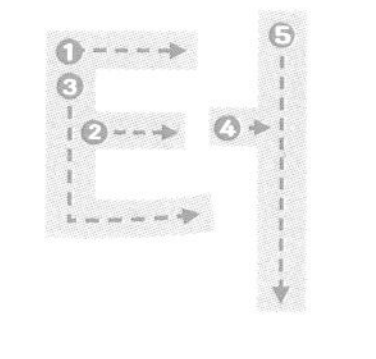
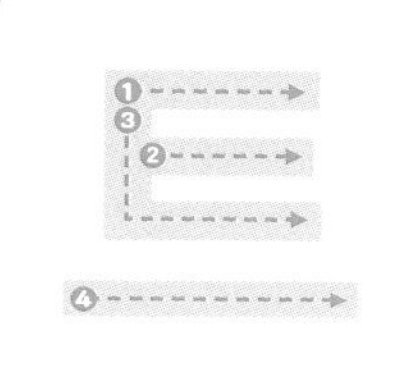

도 토 리

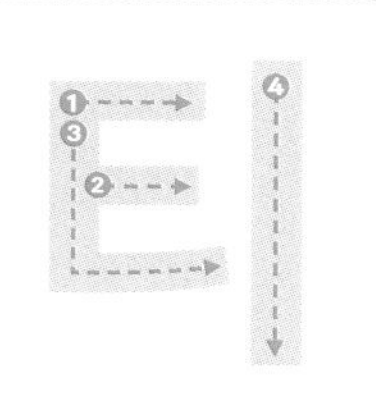

티 셔 츠

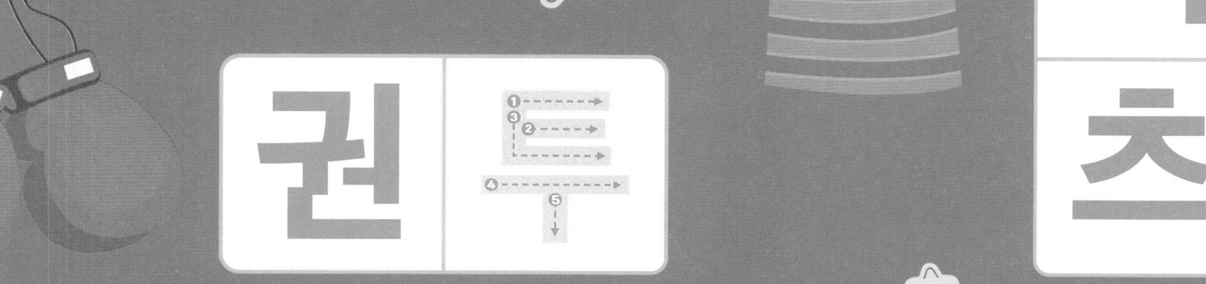

권 투

17 일

파

파의 짜임을 익히며 순서에 맞게 따라 써요.

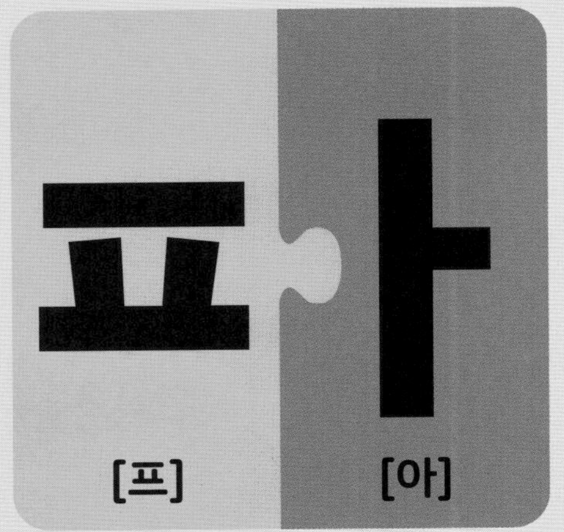
파
[프]
[아]

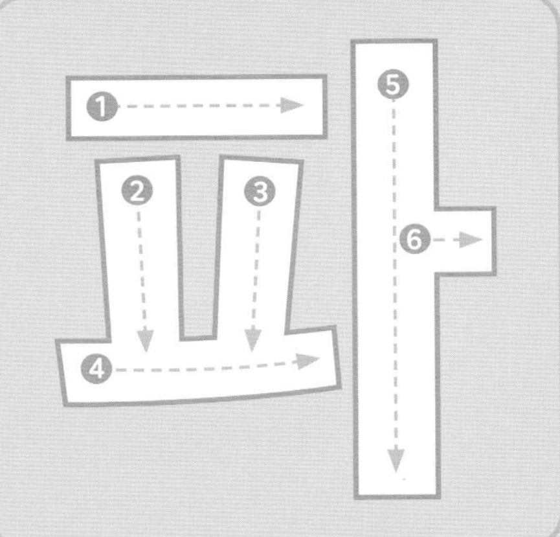

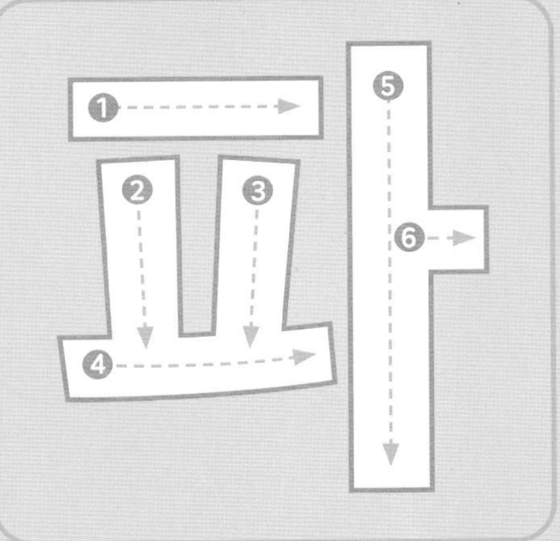

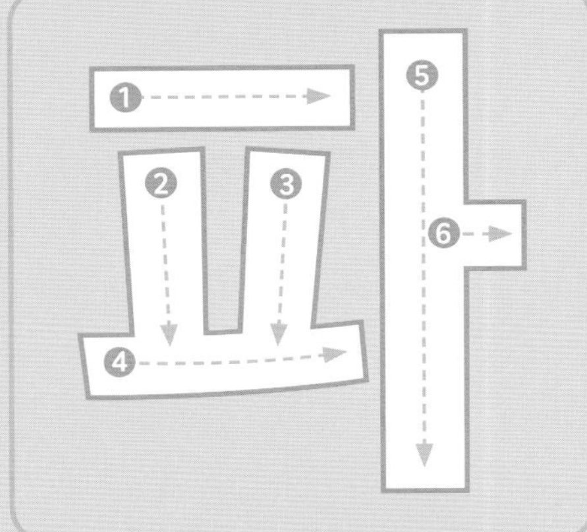

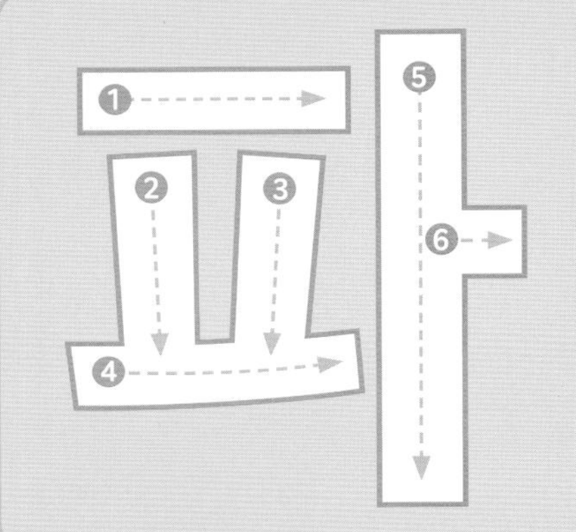

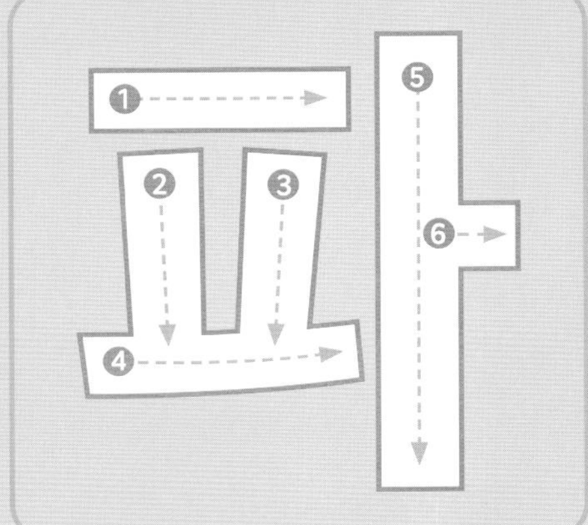

파 말놀이를 하면서 장면을 상상해요.

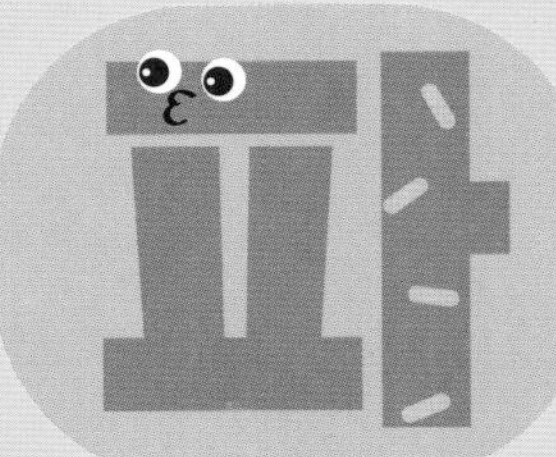

파랑 크레파스로 파도를 그릴까?

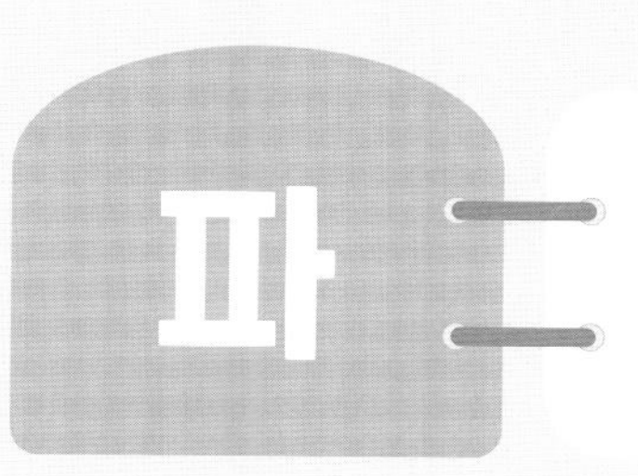
파

낱말을 보고 소리 내어 읽으면서
파를 따라 써요.

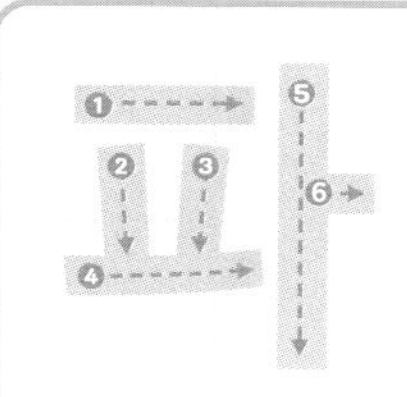

파인애플

대파

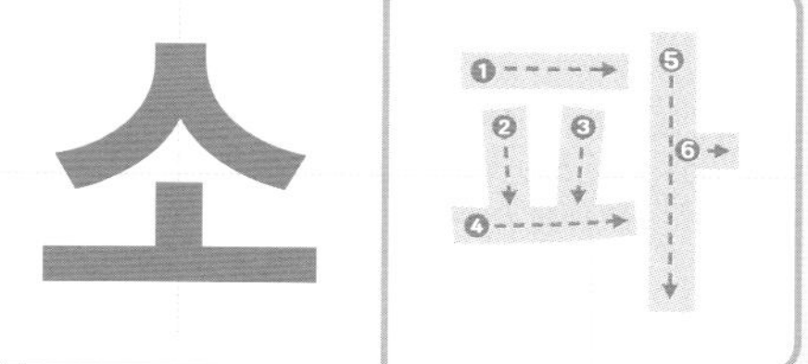

소파

양파

넌 소파에서 기다려.
파인애플, 대파,
양파로 요리해 줄게.

파, 퍼, 포
푸, 프, 피

소리 내어 읽고 흐린 글자를 따라 쓰며 '파, 퍼, 포, 푸, 프, 피'를 익혀 보세요.

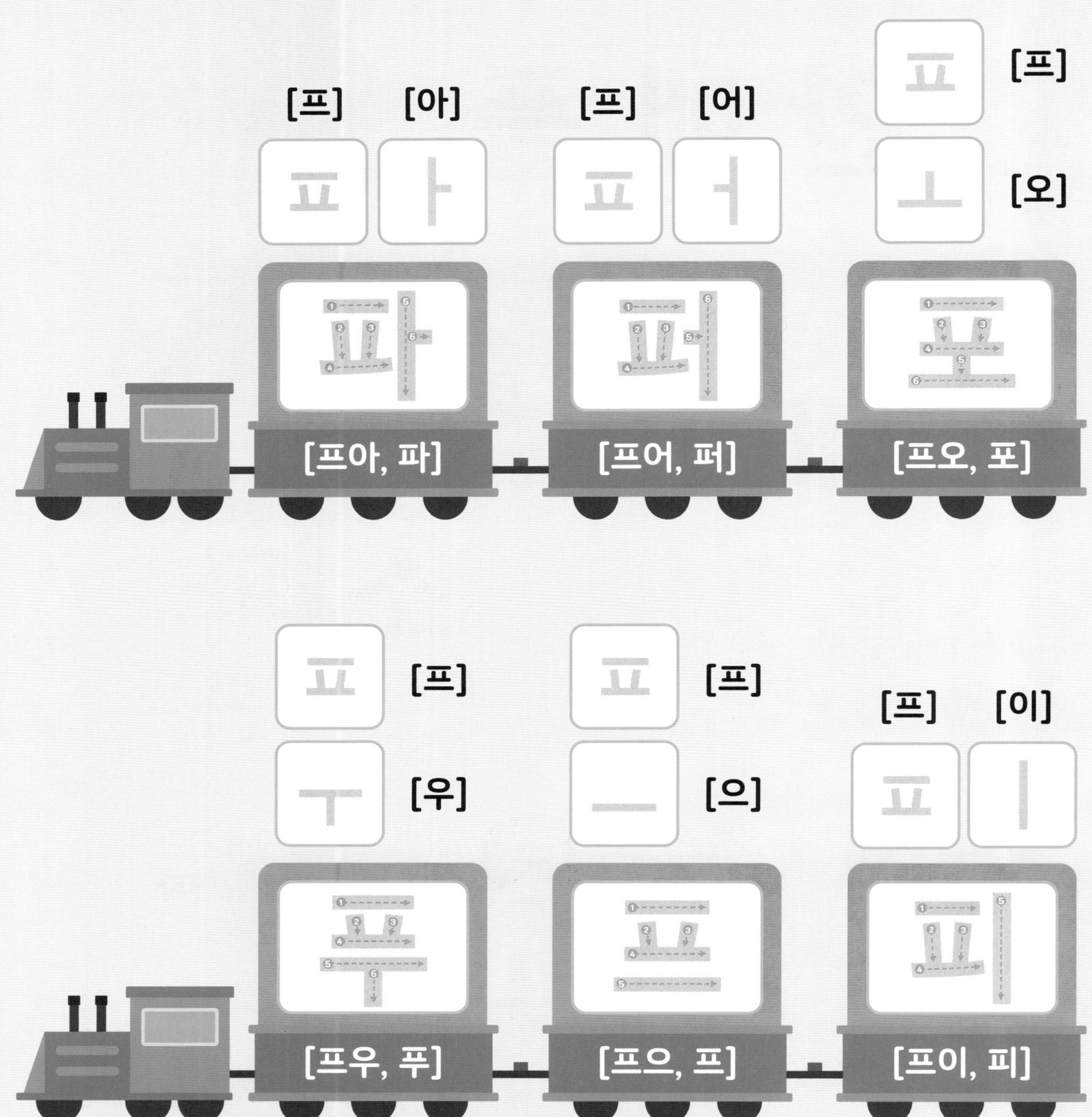

[프] [아]
ㅍ ㅏ
파
[프아, 파]
[프] [어]
ㅍ ㅓ
퍼
[프어, 퍼]
ㅍ [프]
ㅗ [오]
포
[프오, 포]
ㅍ [프]
ㅜ [우]
푸
[프우, 푸]
ㅍ [프]
ㅡ [으]
프
[프으, 프]
[프] [이]
ㅍ ㅣ
피
[프이, 피]

파, 퍼, 포
푸, 프, 피

'파, 퍼, 포, 푸, 프, 피'를 따라 쓰며 낱말을 익혀 보세요.

대단해요!

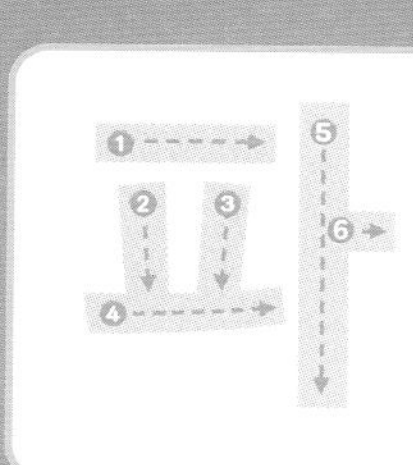

파랑

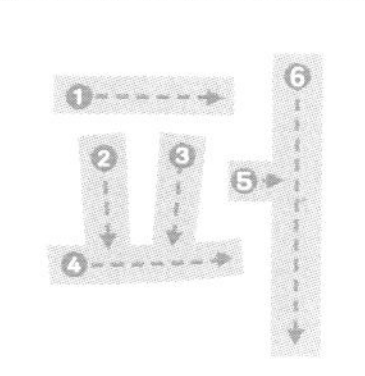

슬리퍼

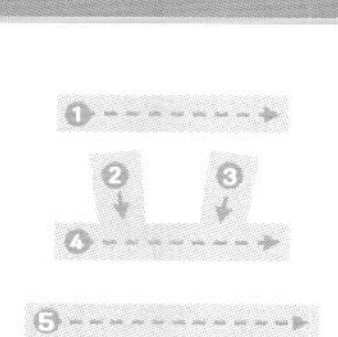

프라이팬

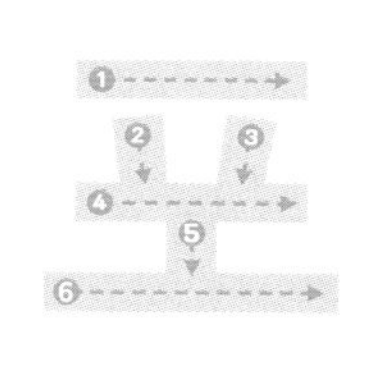

포도

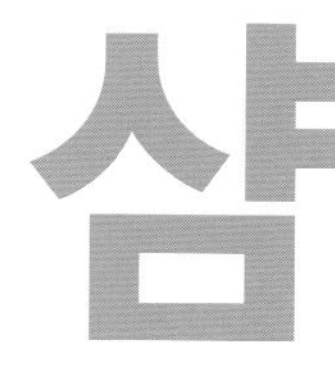

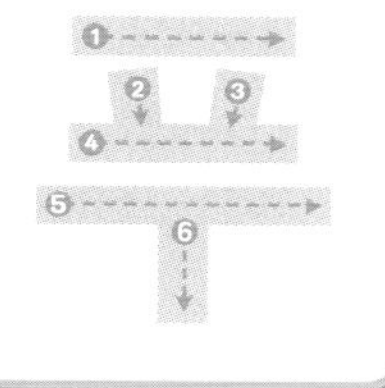

샴푸

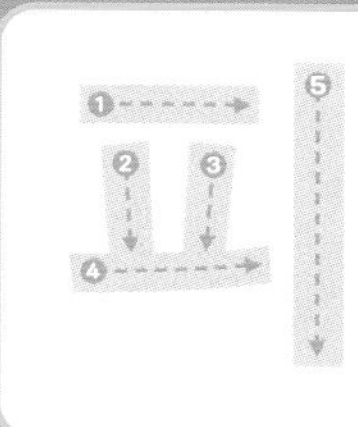

피자

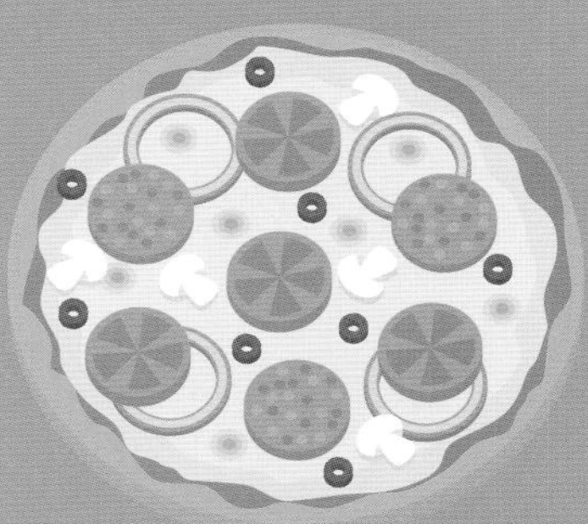

18일

하

하의 짜임을 익히며 순서에 맞게 따라 써요.

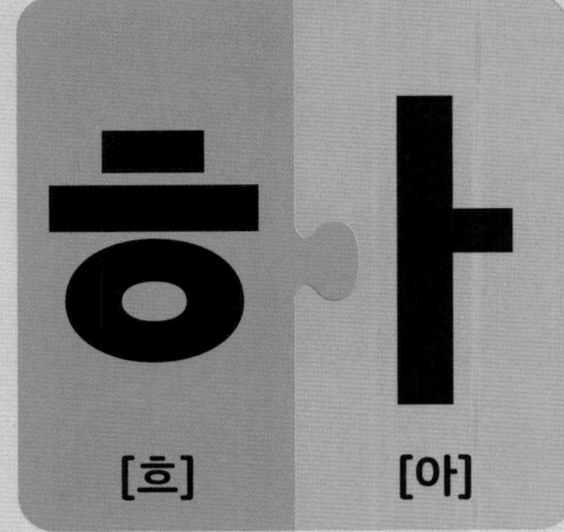
하
[흐]
[아]

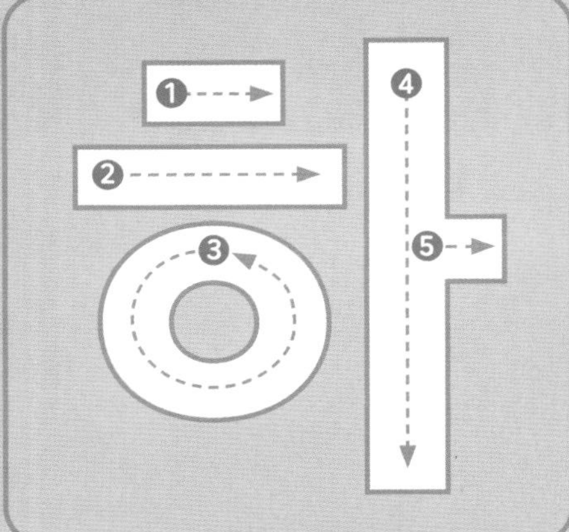

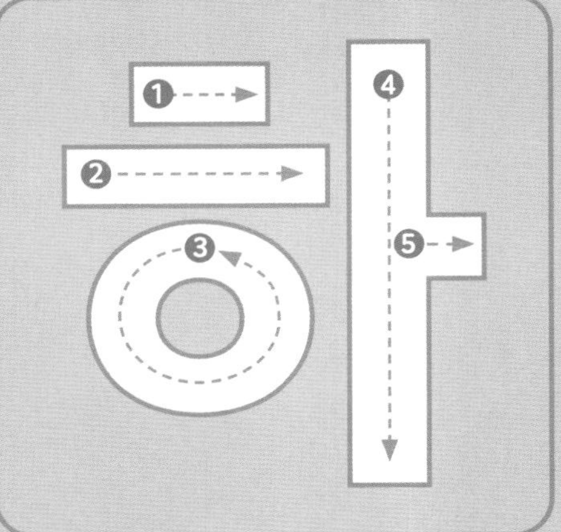

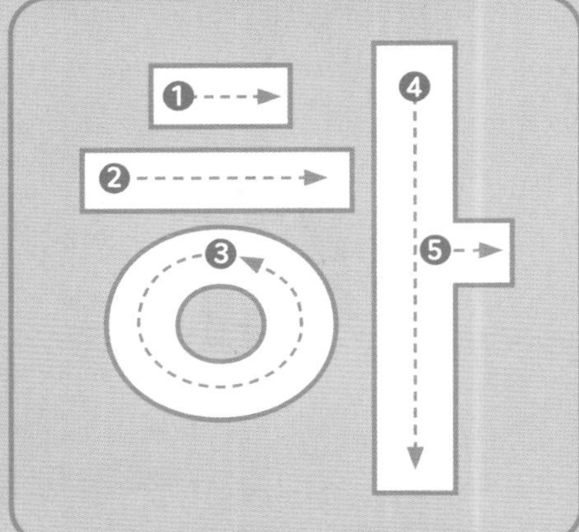

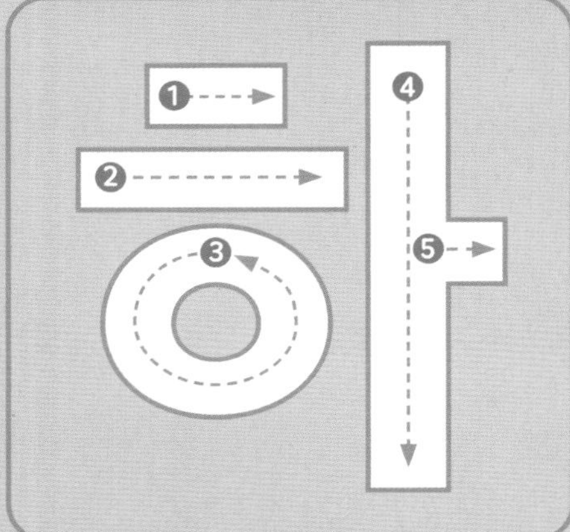

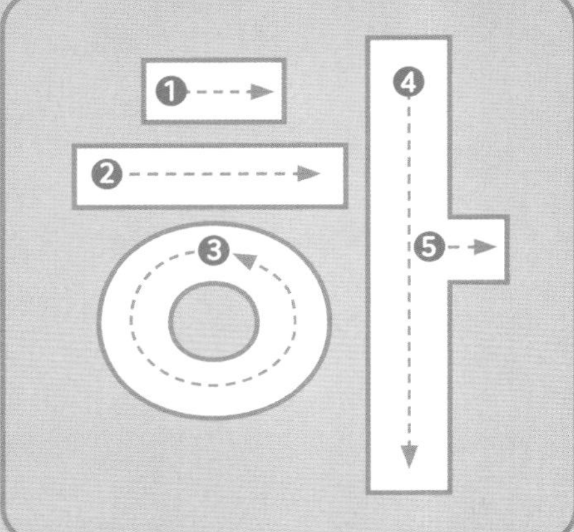

하 말놀이를 하면서 장면을 상상해요.

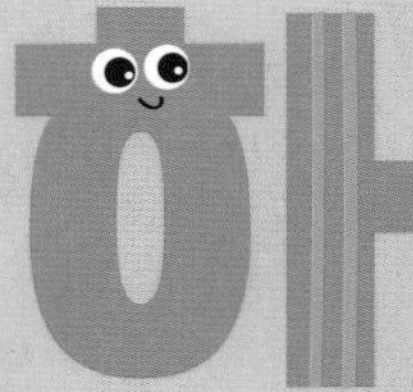
하

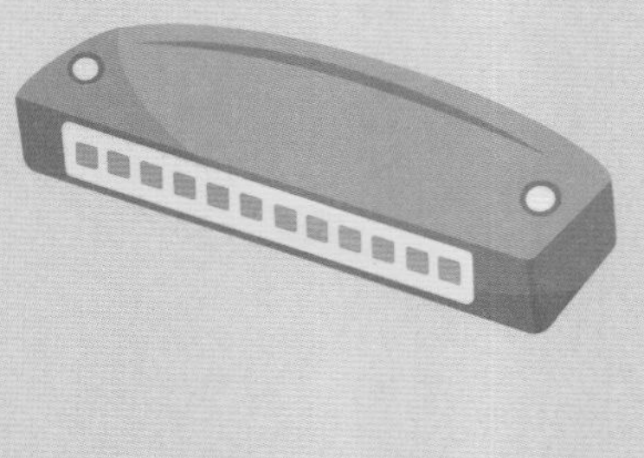

하트 말고, 하품도 말고, 하모니카 불어 주세요.

하

낱말을 보고 소리 내어 읽으면서
하를 따라 써요.

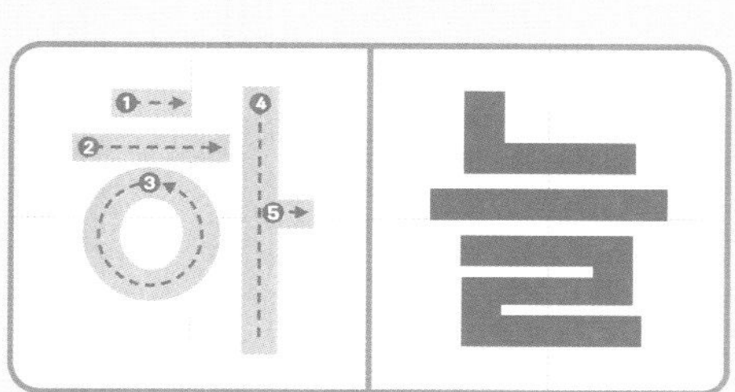
하늘

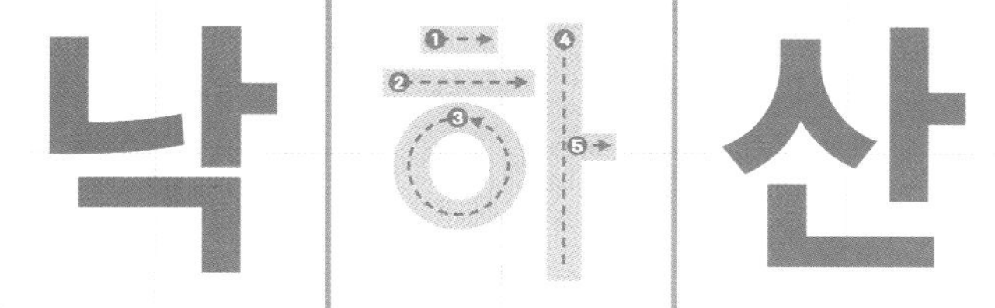
낙하산

하키

하마

하마야,
하키를 할까?
하늘에서 낙하산을
탈까?

하, 허, 호
후, 흐, 히

소리 내어 읽고 흐린 글자를 따라 쓰며 '하, 허, 호, 후, 흐, 히'를 익혀 보세요.

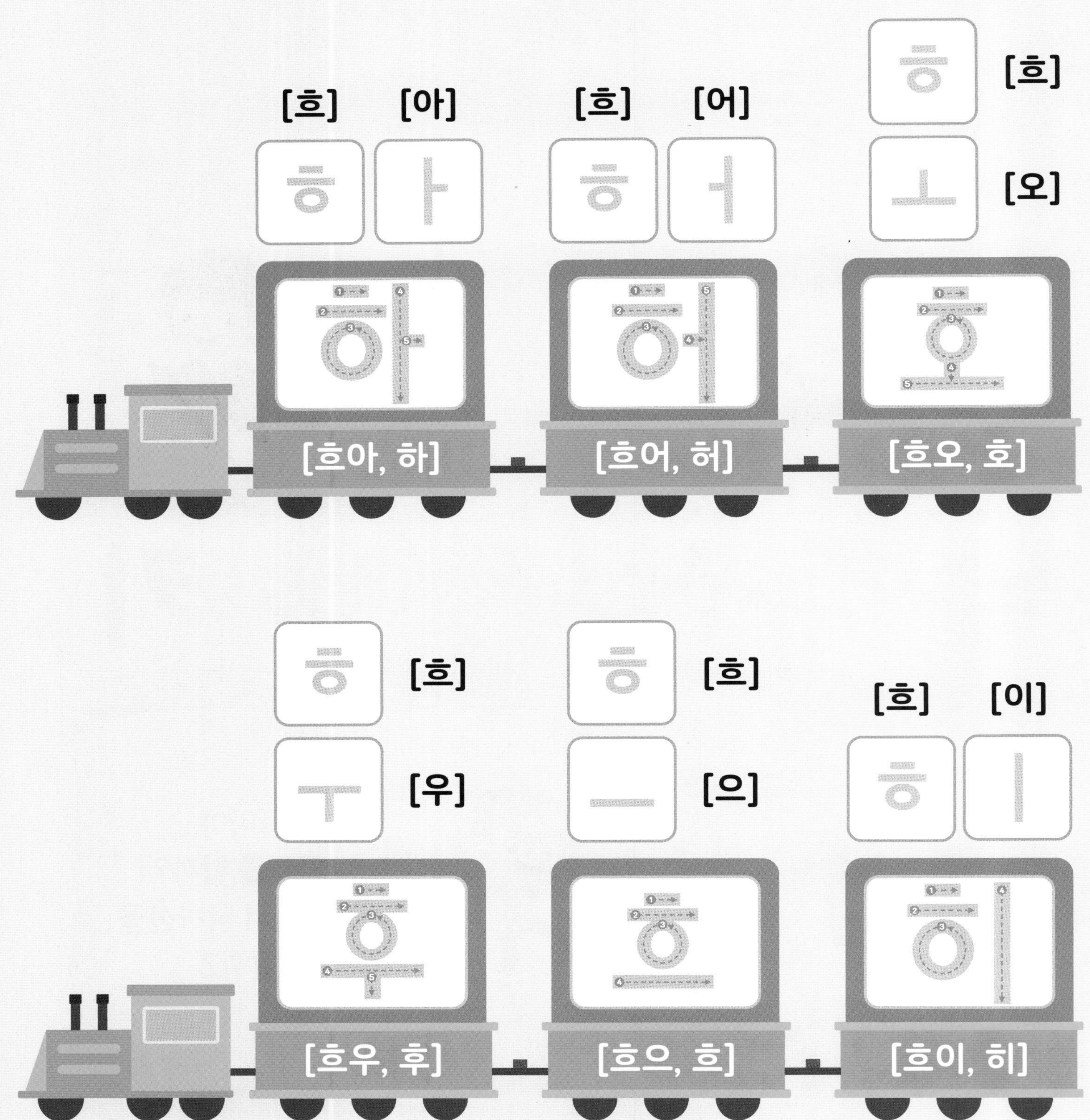

[흐] [아]
ㅎ ㅏ
하
[흐아, 하]
[흐] [어]
ㅎ ㅓ
허
[흐어, 허]
ㅎ [흐]
ㅗ [오]
호
[흐오, 호]
ㅎ [흐]
ㅜ [우]
후
[흐우, 후]
ㅎ [흐]
ㅡ [으]
흐
[흐으, 흐]
[흐] [이]
ㅎ ㅣ
히
[흐이, 히]

하, 허, 호
후, 흐, 히

'하, 허, 호, 후, 흐, 히'를 따라 쓰며
낱말을 익혀 보세요.

최고예요!

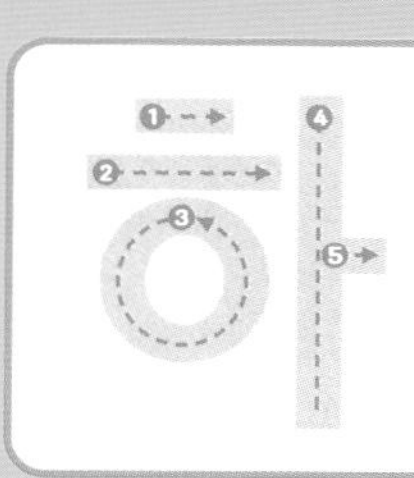

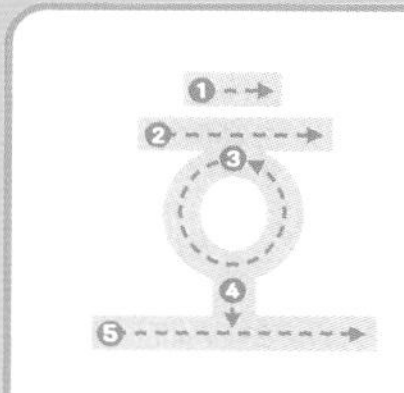

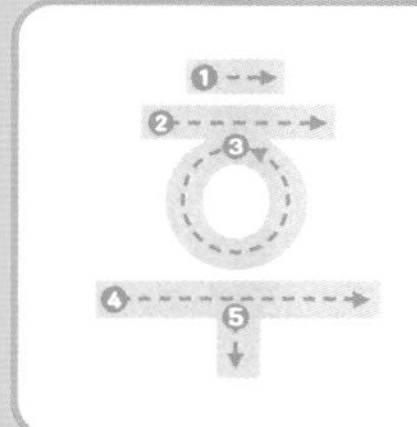

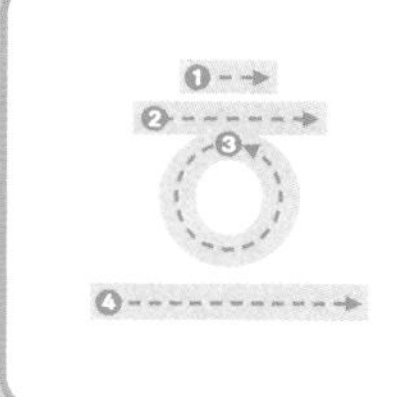

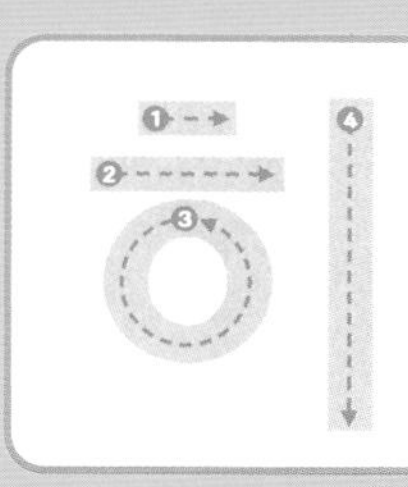

완성!

복습

글자를 읽으며 흐린 글자를 따라 써요.

	ㄱ	ㄴ	ㄷ	ㄹ	ㅁ	ㅂ	ㅅ
ㅏ	가	나	다	라	마	바	사
ㅑ	갸	냐	댜	랴	먀	뱌	샤
ㅓ	거	너	더	러	머	버	서
ㅕ	겨	녀	뎌	려	며	벼	셔
ㅗ	고	노	도	로	모	보	소
ㅛ	교	뇨	됴	료	묘	뵤	쇼
ㅜ	구	누	두	루	무	부	수
ㅠ	규	뉴	듀	류	뮤	뷰	슈
ㅡ	그	느	드	르	므	브	스
ㅣ	기	니	디	리	미	비	시

	ㅇ	ㅈ	ㅊ	ㅋ	ㅌ	ㅍ	ㅎ
ㅏ	아	자	차	카	타	파	하
ㅑ	야	쟈	챠	캬	탸	퍄	햐
ㅓ	어	저	처	커	터	퍼	허
ㅕ	여	져	쳐	켜	텨	펴	혀
ㅗ	오	조	초	코	토	포	호
ㅛ	요	죠	쵸	쿄	툐	표	효
ㅜ	우	주	추	쿠	투	푸	후
ㅠ	유	쥬	츄	큐	튜	퓨	휴
ㅡ	으	즈	츠	크	트	프	흐
ㅣ	이	지	치	키	티	피	히

보기처럼 낱말을 만들며 흐린 글자를 따라 써요.

보기

피	노	파
포	키	오
우	코	우

바	라	아
구	니	유
나	라	가

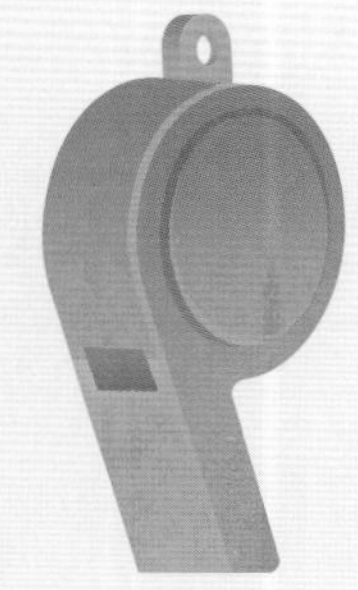

호	로	리
루	러	가
라	기	나

두	더	자
도	지	사
조	우	오